EL MUNDO ES MENTAL

EL MUNDO ES MENTAL

El idealismo analítico como la única metafísica plausible en el siglo XXI

BERNARDO KASTRUP

Traducción de Inmaculada Morales

Título original: *Analytic Idealism In A Nutshell*

Traducción: Inmaculada Morales Lorenzo

Diseño de cubierta: Smart Communication

© 2023, Bernardo Kastrup

Publicado originalmente en Reino Unido y Estados Unidos en 2024 por iff Books, un sello de John Hunt Publishing, Ltd., denominado Collective Ink Ltd. desde 2023
www.collectiveinkbooks.com
www.iff-books.com

Publicado por acuerdo con Collective Ink Ltd.,
Unit 11 Shepperton House, 83-93 Shepperton Road, Londres N1 3DF, Reino Unido

De la presente edición en castellano:
© Distribuciones Alfaomega S.L., Gaia Ediciones, 2025
Alquimia, 6 - 28933 Móstoles (Madrid) - España
Tel.: 91 617 08 67
www.grupogaia.es - E-mail: grupogaia@grupogaia.es

Primera edición: febrero de 2026

Depósito legal: M. 22.141-2025
I.S.B.N.: 978-84-1108-200-6

Impreso en España por Artes Gráficas Cofás, S.A., Móstoles (Madrid)

Índice

CAPÍTULO 1

¿De qué trata este libro?

ESTE LIBRO VERSA ACERCA de la naturaleza de la realidad y aborda en detalle la mejor hipótesis que tenemos en la actualidad —basada en la ciencia de vanguardia y el razonamiento analítico— para explicárnosla. ¿Puede considerarse que el mundo es físico, en el sentido de que consiste en masa, carga, frecuencia y otras cantidades físicas? Si la respuesta es negativa, ¿es más bien informacional, de manera que está constituido por patrones matemáticos puramente abstractos? ¿O tal vez sea mental y se componga de cualidades experienciales? Estos son los interrogantes que abordaremos a lo largo de estas páginas.

Obsérvese que las cuestiones sobre el *ser* —como qué *es* la realidad— no pueden responderse de manera concluyente únicamente a través de la ciencia; quienes piensan lo contrario tienen una comprensión básicamente errónea tanto de la ciencia como de la filosofía. El método científico solo puede responder de manera definitiva a cuestiones de *comportamiento*: lo que la naturaleza *hace*, en contraposición a lo que *es*. Al fin y al cabo, la ciencia se basa en la experimentación empírica controlada: plantea una pregunta a la naturaleza en forma de experimento, a la que la naturaleza responde *haciendo* algo. Este *hacer* es un comportamiento de la naturaleza, no una expresión inequívoca de lo que la naturaleza es, ya que diferentes hipótesis sobre la esencia de la realidad pueden ser igualmente compatibles con la conducta observada. Además, la prueba de fuego de las teorías científicas es su capacidad para predecir lo que la naturaleza *hará a continuación*, lo cual también es una cuestión de comportamiento.

Así pues, la argumentación del presente libro, aunque ciertamente basada en la ciencia —en el sentido de que algunos comportamientos naturales observados empíricamente son incompatibles con ciertas hipótesis sobre la naturaleza de la realidad y, por tanto, nos permiten descartarlas—, no es puramente científica. De hecho, además de la ciencia, también aprovecha los métodos de la filosofía, en particular de la metafísica, el área filosófica dedicada a las cuestiones del ser. En concreto, más allá de la adecuación empírica de las hipótesis presentadas, esta obra hace asimismo uso de criterios de verdad más suaves, como la parsimonia conceptual, la congruencia lógica interna, la coherencia global y el poder explicativo. Si bien estos criterios no conducen a respuestas definitivas sobre las cuestiones del ser, sin duda nos permiten clasificar las hipótesis con las que trabajamos y averiguar cuál es la más probable. Este es el espíritu de este libro.

El idealismo analítico —la hipótesis metafísica que da nombre a esta obra y que desarrollaré durante los siguientes capítulos— reconoce que existe un mundo exterior ahí fuera, más allá de nuestras mentes individuales. También reconoce que este mundo externo se despliega de forma espontánea, de acuerdo con sus propias disposiciones inherentes, que a su vez conducen a regularidades de comportamiento que hemos dado en llamar «leyes de la naturaleza». Igualmente acepta que la razón humana puede identificar y construir un modelo teórico sobre estas regularidades, lo que le permite predecir la conducta futura de la naturaleza. Por último, reconoce que los fenómenos naturales complejos pueden explicarse de forma suficiente en función de otros más simples.

De este modo, el idealismo analítico engloba el *realismo* (existe un mundo externo ahí fuera, independiente de nuestras mentes individuales, así como de nuestra observación, volición, fantasías, preferencias, rituales, etc.), el *naturalismo* (los fenómenos del mundo exterior se desarrollan de forma espontánea, según las disposiciones inherentes a la naturaleza, y no según la intervención externa de una divinidad ajena a ella), el *racionalismo* (la razón humana puede identificar y construir un modelo teórico sobre las regularidades del comportamiento de la naturaleza) y el *reduccionismo* (los fenómenos complejos pueden explicarse en función de otros más simples).

Sin embargo, el idealismo analítico infiere que el mundo exterior es de la misma *categoría* o *esencia* óntica que nuestras mentes individuales. Expresado de otra forma, postula que el mundo exterior es *mental* (en el sentido de que es experiencial, pero *no* porque abarque la cognición superior humana), idéntico en esencia a nuestros propios pensamientos y emociones individuales, aunque no constituido por nuestros pensamientos y emociones. Esto es análogo al hecho de que mis pensamientos son mentales, al igual que los tuyos, pero los míos son externos a *ti* y no forman parte de *tu* vida mental interior. Mis pensamientos seguirían aquí, haciendo lo que sea que hagan, aunque tú no estuvieras presente, y con independencia de tus preferencias particulares. Desde *tu* perspectiva, mis pensamientos son externos y objetivos, aunque, desde su propia perspectiva, sean subjetivos y, por tanto, mentales. Ahora bien, exactamente del mismo modo, el idealismo analítico sostiene que el mundo exterior es mental en esencia, y al mismo tiempo externo a *nuestras* mentes individuales. El mundo es subjetivo desde su propia perspectiva, pero objetivo desde la *nuestra*. El mundo hace lo que hace, según sus propias disposiciones naturales espontáneas e inherentes, al margen de que nos guste o no, o incluso de que estemos aquí para observarlo o no. Y, sin embargo, es, en sí mismo, mental, subjetivo, experiencial.

Evidentemente, el idealismo analítico es muy diferente de la hipótesis metafísica dominante a principios del siglo XXI: el fisicalismo. Este último postula que la esencia del mundo exterior no es mental en absoluto, sino física en sentido estricto. ¿Qué significa afirmar que la realidad es estrictamente física en esencia? Significa que la realidad debería ser, en principio, descrita de forma exhaustiva únicamente mediante *cantidades* y sus relaciones matemáticas. En otras palabras, según el fisicalismo dominante, si se elabora una lista lo bastante larga de los números correctos —como la cantidad de masa y carga en diferentes coordenadas del espacio-tiempo, o la amplitud y frecuencia de diferentes oscilaciones de campo, etc.— y las ecuaciones asociadas, se habrá dicho *todo* lo que hay que decir sobre la realidad: no quedará nada por describir o que se considere ambiguo.

Esto es claramente antitético al idealismo analítico, según el cual la naturaleza está hecha de *cualidades sentidas* —no solo las cualidades que tú, yo y otros seres vivos sentimos por casualidad, sino cualidades sentidas, en cualquier caso—, a diferencia de las cantidades abstractas. En otras palabras, de acuerdo con el idealismo analítico, hay algo que es *ser* el mundo ahí fuera. El mundo está hecho de estados experienciales transpersonales que no pueden describirse de forma exhaustiva únicamente en función de cantidades. A fin de cuentas, ¿cómo podemos describir por completo, por medio de números, lo que se siente, por ejemplo, al enamorarse? ¿Qué *cantidades* pueden captar de forma exhaustiva la *cualidad* de enamorarse? No es posible saber lo que se siente en esa situación con la mera lectura de una extensa lista de números y ecuaciones; solo puede saberse eso por conocimiento directo y *cualitativo*. Así pues, está claro que el idealismo analítico implica una comprensión de la naturaleza de la realidad fundamentalmente distinta de la del fisicalismo dominante.

A lo largo de los siguientes capítulos profundizaré mucho más en todo esto, de modo que no te desanimes si no lo entiendes ahora. Te estoy ofreciendo una idea general de adónde pretendo llegar, para evitar que una mala interpretación o un prejuicio apresurado te impidan comprender lo que quiero decir.

Lo expuesto más arriba suscita una pregunta inmediata: ¿hasta qué punto es plausible que nuestra cultura, después de haber llegado a la Luna, curado innumerables enfermedades, cambiado nuestros genes y creado Internet, esté tan equivocada en lo fundamental sobre la esencia del mundo que manipulamos tan eficazmente a través de la tecnología? ¿Hasta qué punto es plausible que, habiendo logrado tanto, sigamos tan equivocados con respecto a lo básico?

Es más que plausible: es cierto. Y quienes observan con atención y reflexión la situación de la ciencia y la filosofía lo saben.

A lo largo de este libro analizaré extensamente esta importante afirmación. Por ahora, sin embargo, has de tener en cuenta que la tecnología no necesita en el fondo una comprensión correcta de la naturaleza de la realidad: solamente precisa de *ficciones empíricamente convenientes*. A fin de ver esto mejor, considera que un niño de cinco años puede llegar a ser campeón del mundo con un juego de ordenador sin tener la menor idea de lo que este *es* en realidad, es decir, del *hardware* y el *software* informáticos que lo constituyen. Para convertirse en campeón del mundo, lo único que ese niño necesita es una ficción conveniente desde la que relacionarse con el juego. Dicha ficción puede consistir en algo como esto: hay un hombrecillo al otro lado de la pantalla, y ese hombrecillo soy yo. Si disparo a los otros hombrecillos de la pantalla, gano puntos. Si, en cambio, me disparan o toco tal o cual pared, me muero, y así sucesivamente. Todos y cada uno de los elementos de esta ficción son totalmente falsos: no hay ningún hombrecillo al otro lado de la pantalla; tampoco tú estás allí. No disparas ni te disparan. No existe ninguna pared que puedas tocar y no te mueres en el transcurso del juego. Sin embargo, la ficción es conveniente, en el sentido de que el juego se comporta, a todos los efectos aplicables, *como si* fuera cierta, y eso es todo lo que el niño necesita para jugar bien y coronarse campeón del mundo.

El progreso tecnológico es plenamente comparable a esto: lo único que necesita son ficciones empíricamente convenientes para relacionarse con la realidad. Por ejemplo, hemos llegado a la Luna bajo la cómoda ficción de que existen fuerzas invisibles que actúan de forma instantánea y a distancia, atrayendo una nave espacial tanto a la Tierra como a la Luna, en una especie de tira y afloja celestial. Incluso les hemos dado un nombre: gravedad. Ni que decir tiene que, desde la teoría general de la relatividad de Albert Einstein, sabemos que no existen tales fuerzas. Lo que llamamos gravedad no es más que una curvatura del tejido invisible del espacio-tiempo —nuestra nueva ficción empíricamente conveniente—, no una fuerza. Y aunque los diseñadores de las misiones Apolo lo sabían, la anterior ficción conveniente —la mecánica newtoniana— era una aproximación empírica lo bastante buena para sus propósitos, por lo que la utilizaron en sus cálculos. Esa ficción era lo suficientemente conveniente para la finalidad de su juego, y eso es todo lo que se requiere para el avance tecnológico.

Los ingenieros saben que no solo es innecesario que nuestras ficciones convenientes sean ciertas —el modelo de los elementos finitos no es cierto, la óptica de Fourier no es cierta, la teoría de líneas de transmisión de elementos separados no es cierta, tampoco la noción de partículas subatómicas es cierta, pero las aplicamos todos los días porque funcionan bien en la práctica empírica—, sino que a menudo ni siquiera nos hace falta una ficción conveniente. En la ingeniería electrónica y de telecomunicaciones, por ejemplo, lo que llamamos «relación señal-ruido» es un intento de cuantificar la importancia de todos los efectos desconocidos para los que no tenemos una ficción conveniente explícita (el «ruido»), en relación con aquellos para los que sí la tenemos (la «señal»). Mientras la relación señal-ruido supere un determinado umbral, nuestra tecnología funcionará, ya que está diseñada precisamente para mantener a raya las incógnitas, que son muy numerosas. Por tanto, que la tecnología funcione no significa que dispongamos de una ficción para todo lo que resulta relevante, y mucho menos que las que tenemos sean ciertas.

Las ficciones convenientes son solo eso: convenientes, y su relación con la verdad es tenue.

Así pues, es ingenuo pensar que el éxito tecnológico refleja una comprensión metafísica, al igual que es ingenuo pensar que el campeón del mundo de cinco años entiende realmente lo que está pasando mientras juega al ordenador. Añádase a esto el hecho histórico de que todas las generaciones precedentes se han equivocado de forma demostrable sobre un gran número de aspectos relevantes relativos a la naturaleza de la realidad, y nos daremos cuenta de lo plausible que resulta que nosotros también estemos equivocados en lo que se refiere al fisicalismo dominante. Las generaciones futuras sabrán esto con gran claridad, del mismo modo que hoy conocemos los errores de nuestros antepasados.

De hecho, sería absurdo pensar que los seres humanos, primates bípedos que han habitado esta roca espacial llamada Tierra durante solamente doscientos o trescientos mil años, y que han presumido de intelecto —es decir, la capacidad de pensar de forma simbólica y conceptual— durante menos de cincuenta mil, hayan desarrollado un sistema cognitivo lo bastante avanzado como para comprender todos los aspectos destacados de la realidad. Por supuesto que no, por la misma razón que las hormigas no han evolucionado lo suficiente como para comprender la teoría del campo cuántico. Por tanto, no podemos esperar desvelar las verdades últimas, ni estar seguros de ninguna de nuestras ficciones.

Pero hay algo de lo que *podemos* tener certeza: *nuestros errores actuales y pasados*. Estos errores implican contradicciones lógicas internas, insuficiencias empíricas demostrables o lagunas fundamentales en el poder explicativo que los descartan como hipótesis viables. *Podemos* perfectamente discernir estos errores con certeza, ya que son *nuestros* errores —la expresión de nuestra propia necedad de primates—, y no auténticos misterios naturales. De modo que el juego consiste en desvelar nuestros errores, corregirlos mediante nuevas ficciones convenientes y *acercarnos* de este modo a una comprensión viable de la naturaleza de la realidad. La esperanza no es que los monos puedan discernir las verdades últimas de la existencia, sino que puedan estar *menos* equivocados con el paso del tiempo. Esto es lo que *podemos* y *debemos* hacer, porque conformarse con los errores conocidos es moralmente inaceptable.

Para seguir avanzando, sin embargo, debemos afrontar el hecho de que el fisicalismo dominante no solo es una ficción, sino que ya ni siquiera es conveniente. En los primeros tiempos de la Ilustración sirvió a un propósito sociopolítico, a medida que crecían las tensiones entre una ciencia incipiente y la Iglesia. Al desarrollar un campo metafísico fuera del «espíritu» —una acepción de la palabra griega *psique*, que también significa 'mente'—, los primeros científicos esperaban poder obrar sin ser quemados en la hoguera, como Giordano Bruno en 1600. La idea de un mundo físico fundamentalmente distinto y ajeno a la psique debió de sonar lo bastante ridícula e inofensiva a las autoridades eclesiásticas de la época como para dejar tranquilos a los científicos.

De hecho, como bien se sabe, los fundadores de la Ilustración eran muy conscientes de que el fisicalismo constituía ante todo un arma política, no una explicación plausible de la naturaleza de la realidad. Will Durant, en *Historia de la filosofía* (Diana, 1994), señala que Denis Diderot —uno de los autores de la *Encyclopédie*, el documento fundacional de la Ilustración— reconocía que «toda la materia probablemente es instinto con vida, y es imposible reducir la unidad de la conciencia a materia y movimiento; pero el materialismo es una buena arma contra la Iglesia, y se ha de utilizar hasta que se encuentre otra mejor» (página 272). Diderot tenía claridad y honestidad sobre lo que pretendía, algo que no puede decirse de la mayoría de los autoproclamados portavoces del fisicalismo y el «cientificismo» —una fusión ingenua y falaz de ciencia y metafísica— de la actualidad.

Posteriormente, en la segunda mitad del XVIII, la Revolución Industrial —con sus ferrocarriles, máquinas de vapor y máquinas-herramienta— fue cobrando fuerza y la clase comercial emergente, la burguesía, fue ganando influencia social. A consecuencia de este proceso, en la época de la Revolución de julio de 1830 el espíritu de la Ilustración había pasado del arte y la filosofía instructivos a la tecnología realista y las aplicaciones prácticas de la ciencia. En ese punto, la propia noción de un ámbito físico distinto de la psique no solo justificaba el creciente dominio de las élites intelectuales burguesas sobre el clero, sino que también proporcionaba un asidero psicológico —una ficción conveniente— que ayudara a los científicos a desvincularse de los fenómenos que observaban. Esto, a su vez, puede haber contribuido a aumentar la objetividad de la experimentación empírica en una coyuntura temprana crucial para la ciencia.

Pero en la segunda mitad del XIX, la claridad original de la Ilustración sobre el hecho de que el fisicalismo era, sobre todo, un arma política —en lugar de una hipótesis metafísica verdaderamente plausible— se había perdido, como relata Charles Taylor en *La era secular* (Gedisa, 2014). Sin embargo, esto también tuvo su recompensa; de hecho, la mayor recompensa psicológica de todas: la comprensión de que la conciencia fenoménica —es decir, nuestra propia capacidad de experimentar— era un mero subproducto de ciertas disposiciones físicas eliminó, de un plumazo, *el mayor temor que la humanidad había albergado a lo largo de su historia*, a saber, el miedo a lo que vendrá después de la muerte, ya que si nuestras mentes son generadas por cerebros vivos, entonces no habrá conciencia que pueda experimentar nada tras el final de la vida. La angustia ante lo gran desconocido —codificada en la mitología cristiana como el miedo al infierno— había desaparecido de repente, junto con toda la responsabilidad moral que hasta entonces había oprimido la vida de los cristianos. Cada una de nuestras preocupaciones, remordimientos, ansiedades, etc., tenía ahora *garantizado* —nos gustara o no, lo creyéramos o no— su fin en el momento de la muerte. Hoy nos resulta difícil imaginar la profunda liberación que esto debió de suponer, ya que la damos por descontada. Tal vez solo la Reforma, un par de siglos antes, pueda compararse a ella. El miedo que había permitido a la Iglesia controlar en solitario a prácticamente toda la población del continente europeo durante más de un milenio quedó de pronto fuera de juego. No es de extrañar que el fisicalismo haya cobrado tanto impulso cultural desde entonces, a pesar de ser quizá la peor hipótesis metafísica —en cuanto a poder explicativo, parsimonia conceptual, adecuación empírica, congruencia interna y coherencia global— que jamás haya alcanzado el estatus de corriente dominante en ninguna sociedad del planeta.

La conveniencia histórica, sociopolítica y psicológica de la ficción fisicalista es casi imposible de sobreestimar. Durante la mayor parte del siglo XX, incluso se utilizó para justificarse *a sí misma*, en una hazaña surrealista de razonamiento circular. La mayor vergüenza del fisicalismo dominante es su incapacidad fundamental para explicar la conciencia fenoménica —es decir, la existencia de la experiencia—, que es el único hecho preteórico dado de la naturaleza. En efecto, la conciencia fenoménica precede a la teoría epistémicamente, en el sentido de que todas las teorías surgen y existen dentro de ella. Pero al declarar que la conciencia fenoménica es un epifenómeno del mundo físico —un mero subproducto de los procesos cerebrales, desprovisto de poderes causales propios—, sin ninguna explicación sobre esto, el fisicalismo dominante eliminó la conciencia del ámbito de la investigación humana. Suprimió precisamente lo que podría exponer su propia deficiencia más fundamental. En pocas palabras, la idea era que, puesto que suponemos que la conciencia es epifenoménica y, en cualquier caso, carece del nexo causal, no tenemos por qué preocuparnos de averiguar cómo se produce; ¡qué oportuno! Se puede ver claramente esta circularidad en el desarrollo de, por ejemplo, el positivismo y el conductismo en el siglo XX. Hubo que esperar hasta 1974, con el artículo esencial de Thomas Nagel titulado «¿Qué se siente al ser un murciélago?», para que el tema de la conciencia regresara (muy) lentamente a la agenda investigadora.

La confianza de nuestra cultura en el fisicalismo dominante es un fenómeno psicosocial histórico en gran medida ajeno a la razón y a la evidencia. La mayoría de nosotros no vemos esto por un único motivo: nuestras vidas son demasiado cortas para discernir el flujo y reflujo sutil y relativamente lento de la historia cultural en la que estamos inmersos. Pasamos casi la totalidad de nuestras efímeras existencias rodeados de élites eruditas que parecen muy seguras de sus puntos de vista internamente incongruentes, empíricamente insostenibles y explicativamente imposibles. Y, de este modo, pensamos que el fisicalismo dominante *debe* ser cierto. ¿Cómo podría estar equivocada toda esa gente? Sin embargo, la historia enseña que «toda esa gente» se ha equivocado *siempre*, mientras que la razón y la evidencia demuestran que también se equivocan ahora. En el próximo capítulo veremos precisamente cómo.

El idealismo analítico —el tema de esta obra— representa una corrección de nuestros conocidos errores metafísicos y constituye un paso adelante. Como argumentaré en breve, ofrece la hipótesis más plausible y parsimoniosa que tenemos hoy sobre la naturaleza de la realidad. En eso reside el valor de lo que estás a punto de leer.

He escrito diez libros y una tesis doctoral sobre este asunto, por no mencionar una serie de artículos técnicos en revistas académicas, entradas de blog y ensayos de divulgación científica y filosófica en importantes publicaciones. Así pues, ¿qué hay de nuevo en esta obra? Como indica su título, aquí intento resumir, de manera informal pero directa, los puntos clave más destacados del idealismo analítico y la argumentación que lo sustenta. He retomado ideas de varios de mis escritos anteriores, pero a menudo de forma nueva, desde un punto de vista diferente, con el objetivo de ofrecerte la visión más breve y convincente posible del idealismo analítico.

Además, dado que a lo largo de los años me he visto en la tesitura de tener que explicar y defender el idealismo analítico en innumerables entrevistas, sesiones de preguntas y respuestas, paneles, debates, cursos y otros actos públicos, he acabado desarrollando un mejor modo de exponer las ideas centrales. Con el tiempo he identificado las principales dificultades que tiene la gente con el idealismo analítico, y he perfeccionado las formas de explicarlo para llegar al lector en el lugar donde se encuentre, respetando sus intuiciones y abordando sus suposiciones ocultas de una manera más explícita. Todos estos aprendizajes y mejoras han quedado incorporados en el presente volumen.

En lo que concierne al estilo, mis diez libros anteriores estaban documentados de forma meticulosa. Lo mismo puede decirse de mi segunda tesis doctoral y de mis numerosos artículos técnicos, publicados en revistas académicas revisadas por pares. Creo, por tanto, que me he ganado el derecho a analizar ahora el idealismo analítico de una manera menos formal y documentada, pero más fluida y fácil de leer, plasmando los puntos más destacados en un lenguaje más intuitivo y coloquial. Esto es lo que intento conseguir en este libro. A diferencia de otros escritos anteriores, aquí evitaré deliberadamente las citas formales, la bibliografía y las notas. Sin embargo, siempre que una referencia bibliográfica me parezca especialmente productiva o inevitable, la mencionaré en el texto, como he hecho más arriba.

Este libro pretende ser lo más parecido posible a una exposición oral sobre el idealismo analítico, como si te lo estuviera explicando en persona. El tono adoptado revela intencionadamente aspectos de mi propia humanidad y estado emocional, y se diferencia del carácter más árido y objetivo de mis escritos técnicos. A los lectores que prefieran o necesiten una argumentación técnica que disponga de una documentación de mayor rigor, les recomiendo mi producción anterior, gran parte de la cual —como los artículos académicos y las tesis— está disponible en línea de forma gratuita.

CAPÍTULO 2

Las apariencias engañan

CUANDO MIRAMOS A NUESTRO ALREDEDOR, vemos un mundo de objetos con formas concretas, así como sucesos que se desarrollan en lugares definidos. Suponemos de manera automática que el mundo que nos rodea está constituido por esos objetos y sucesos, por esas formas y lugares. Expresado de otra forma, creemos que nuestra percepción es una especie de *ventana transparente al mundo*, que nos revela el mundo *tal como es en sí mismo*.

Pero ¿podemos concebir la percepción como algo distinto de una ventana transparente al mundo? Claro que sí. Tomemos un avión, por ejemplo: dispone de una serie de sensores —como los de velocidad del aire, presión y orientación— que miden el estado del cielo en el exterior. Las mediciones resultantes se muestran al piloto de manera codificada, en forma de indicaciones de los dispositivos de medición en el panel de instrumentos del avión. De este modo, el panel de instrumentos transmite información precisa e importante sobre el cielo exterior, aunque codificada. El piloto debe tomarse en serio esta información codificada para que el avión no se estrelle.

Sin embargo, el panel de instrumentos no se parece en nada al exterior: decenas de dispositivos de medición en un tablero de instrumentos plano tienen un aspecto muy diferente de las nubes tridimensionales, los patrones de flujo de aire, las precipitaciones y el horizonte lejano fuera del avión. Es evidente que el hecho de que el panel de instrumentos transmita información precisa y relevante sobre el cielo no implica que deba *parecerse* a él, de hecho, no lo hace, y todos entendemos de forma intuitiva por qué esto no supone ningún problema.

Al igual que el avión, nosotros también estamos equipados con sensores que recogen información sobre el mundo que nos rodea: nuestras retinas, tímpanos, papilas gustativas, mucosas nasales y la superficie externa de la piel miden el estado del entorno. Los resultados de estas mediciones se representan en la pantalla de la percepción: lo que vemos, oímos, tocamos, saboreamos y olemos. Como tal, la pantalla de la percepción es totalmente análoga al panel de instrumentos del avión: ambos muestran información sobre el entorno que recibimos de nuestros sensores.

Sin embargo, como acabamos de ver, el panel de instrumentos del avión no necesita parecerse al cielo para transmitir información precisa, relevante y utilizable sobre él. Por la misma razón, lo mismo sucede con nuestra pantalla de percepción: su contenido *no* tiene por qué parecerse al mundo para transmitir información precisa, relevante y utilizable sobre él. Dicho de otro modo, para hacer bien su trabajo, la pantalla de la percepción no tiene por qué ser una ventana transparente al mundo, sino que puede ser como el panel de instrumentos de un avión, que no se parece en nada al cielo exterior. El mundo que nos rodea, tal como es en sí mismo, con independencia de la percepción, puede ser en principio tan diferente de lo que percibimos como las nubes del cielo lo son de las indicaciones procedentes de los dispositivos de medición del panel de instrumentos de una aeronave. Lo que vemos no es necesariamente la realidad y no tiene por qué serlo.

Formulemos ahora una pregunta más significativa: aunque el mundo no *necesita* parecerse al contenido de la percepción, ¿puede parecerse a lo que percibimos? ¿Puede la percepción ser una ventana transparente al mundo, aunque no lo necesite?

La respuesta es un «no» rotundo: la percepción *no puede* ser una ventana transparente al mundo, ya que, si lo fuera, nuestros estados cognitivos internos tendrían que *reflejar* los estados externos del mundo, ya que esto es lo que implica la hipótesis de la «ventana transparente». Pero dado que no existe *a priori* un límite superior a la dispersión de los estados del mundo —es decir, a la entropía del mundo—, tampoco existiría un límite superior a la dispersión de nuestros estados cognitivos internos, en la medida en que estos últimos reflejan los estados del mundo. Expresado de otra forma, si la percepción fuera una ventana transparente que nos permitiera ver el mundo tal como es, no habría límite superior para nuestra entropía interna. Físicamente, esto significa que solo con mirar el mundo podríamos disolvernos literalmente en una sopa de carne caliente, ya que una entropía interna sin límites es incompatible con la integridad estructural y dinámica. Y puesto que nunca hemos visto a nadie derretirse de un modo espontáneo tras echar un vistazo a su alrededor, podemos afirmar que la percepción *no* refleja los estados del mundo; *no* es una ventana transparente que nos permita ver el mundo tal como es. ¿Por qué habría de serlo?

La percepción es, de hecho, como un panel de instrumentos: contiene información sobre el mundo solo de forma *codificada*, limitando de este modo la entropía de nuestros estados internos, igual que un panel de instrumentos limita de forma intrínseca la entropía de la información con la que tienen que lidiar los pilotos (por cierto, esta es la razón por la que los manuales de vuelo, a pesar de ser gruesos, tienen una longitud finita y no necesitan decirle al piloto cómo obrar con cada posible configuración del cielo). Karl Friston y sus colaboradores han tratado este asunto con rigor, especialmente en un artículo titulado «Cognitive dynamics: From attractors to active inference» (Dinámica cognitiva: de los atractores a la inferencia activa) publicado en *Proceedings of the IEEE* en 2014.

Otro equipo ha llegado a la misma conclusión de forma independiente, mediante un razonamiento totalmente distinto que no se basa en la termodinámica, sino en la teoría de juegos. Nuestro aparato perceptivo ha evolucionado para sobrevivir, no para mostrarnos el mundo tal como es. Esto último es totalmente irrelevante para la selección natural. En otras palabras, hemos evolucionado para percibir el mundo de la manera codificada que nos ayude a reaccionar más eficazmente ante los retos del entorno a fin de sobrevivir. Percibir el mundo como es en realidad no resulta eficaz para la supervivencia, como vienen demostrando matemáticamente desde hace muchos años el profesor Donald Hoffman y sus colaboradores de la Universidad de California en Irvine.

Para comprender mejor por qué una ventana transparente «nos llevaría rápidamente a la extinción», como le gusta decir al profesor Hoffman, consideremos una de sus analogías favoritas: el escritorio de un ordenador. En él los archivos se representan como iconos: pequeños rectángulos de colores. Pero los archivos, tal como son, ¿se parecen realmente a rectángulos de colores? En absoluto. Los archivos informáticos son gigantescos conjuntos de millones de interruptores electrónicos microscópicos, unos abiertos y otros cerrados, que se encuentran en chips de memoria no volátil hechos de silicio, metales y óxidos. Pocas cosas podrían parecer más diferentes de estos archivos que unos iconos rectangulares en una pantalla. Pero si nos viéramos obligados a ver los archivos de nuestro ordenador tal como son, es decir, como millones de interruptores electrónicos microscópicos, nos resultaría imposible usar el ordenador, ya que nos veríamos abrumados por una información no utilizable, en la que las propiedades más destacadas de los archivos serían imperceptibles.

Para evitar este escenario disfuncional, el sistema operativo del ordenador *no* representa los archivos como son en realidad, sino de una forma *codificada* que transmite lo más destacado de ellos de una manera útil, es decir, como pequeños iconos rectangulares. Lo mismo sucede con la percepción: si la evolución hubiera construido nuestro sistema perceptivo para conocer el mundo tal como es, parece lógico que nos habríamos extinguido debido a la sobrecarga de información no utilizable. En cambio, nuestro sistema perceptivo capta y *representa* el mundo de forma codificada y funcional. El contenido de la percepción —los objetos, formas y sucesos que vemos a nuestro alrededor— son meros «iconos» en la «interfaz gráfica de usuario» que supone la pantalla de la percepción. Nunca llegamos a conocer directamente el mundo tal como es, ya que si lo hiciéramos nos resultaría más difícil competir y sobrevivir en nuestro ecosistema.

Somos pilotos de avión nacidos en la cabina de un avión sin ventanas que solo se puede pilotar por medio de instrumentos. Nunca hemos salido de la cabina para ver el mundo exterior tal como es. Lo único que conocemos es el panel de instrumentos que llamamos «percepción». Por eso es comprensible desde el punto de vista psicológico que confundamos el panel de instrumentos con el mundo: nunca hemos tenido otra cosa. Incluso nuestro lenguaje y nuestros pensamientos han evolucionado para «hablar en términos del panel de instrumentos», no de la «realidad». Expresado de otra forma, dado que nuestras interacciones con el mundo *siempre* están mediadas por el panel de instrumentos, pensamos y hablamos en función de sus parámetros y escalas, no de los elementos que conforman la realidad. El paradigma de nuestra visión del mundo es de hecho el paradigma *del panel de instrumentos*, ya que se corresponde con el modo en que la información se organiza y se muestra a través de los dispositivos de medición y no con la estructura óntica del mundo en sí.

Comprender esto con claridad es el primer paso necesario en el camino hacia una comprensión menos errónea de la realidad. Cada vez que miras a tu alrededor y ves un mundo de objetos y sucesos «físicos», no en sentido estricto, sino coloquial, *no estás viendo la realidad tal como es*. Lo que ves es una representación de la realidad en un panel de instrumentos que ha sido creada por la evolución en beneficio de la supervivencia. La realidad, tal como es en sí misma, es tan diferente de lo que percibes como las nubes del cielo son diferentes de las indicaciones de los dispositivos del panel de instrumentos de un avión.

Confundir el contenido de la percepción con la realidad es un error tan tonto como el de un piloto que mira el panel de instrumentos y afirma que *es* el cielo exterior. Del mismo modo que el panel de instrumentos transmite información precisa y relevante sobre el cielo exterior sin *ser* el cielo, la percepción transmite información precisa y relevante sobre la realidad exterior sin *ser* esa realidad. *Nunca* llegas a ver la realidad. Lo que ves es una representación codificada de ella, destinada a transmitir información utilizable sobre tu entorno, limitando al mismo tiempo tu entropía interna y mejorando tus posibilidades de reaccionar con eficacia frente a los retos y oportunidades del ambiente.

Lo que coloquialmente denominamos mundo «físico» —es decir, el mundo percibido de objetos, colores, formas y sucesos que nos rodea y que ocupa el andamiaje del espacio-tiempo— *es el panel de instrumentos*, no la realidad tal como es en sí misma. La «fisicalidad» en sentido coloquial —es decir, el contenido de la percepción— es una *representación cognitiva interna* de la realidad, que creamos nosotros mismos, a partir del aparato cognitivo con el que nos ha dotado la evolución. No cabe duda de que existe un mundo *real* ahí fuera, independiente de la percepción; un mundo que seguiría ahí, aunque no estuviéramos aquí para percibirlo, un mundo al que no le importa si nos gusta o no, si creemos en él o no, si deseamos que sea diferente o no, un mundo que no cambia simplemente porque fantaseemos con que sea diferente. Pero ese mundo *real* no es el mundo «físico» que aparece en la pantalla de la percepción. Este último es una mera *representación* del mundo real, que *nosotros* creamos. Aquello representado no lo creamos nosotros, pero sí las propias representaciones.

Así pues, ¿existe la luna cuando nadie la mira? Si por «luna» entendemos el aspecto de la realidad que está *representado como* ese disco blanco y brillante en el cielo nocturno, entonces sí, existe con independencia de que alguien o algo la esté midiendo u observando. Pero si lo que entendemos por «luna» es ese disco blanco brillante en sí mismo —la entidad «física» en sentido coloquial que aparece en el cielo—, entonces no, no existe si ningún ser vivo la observa, ya que las cualidades experienciales «brillante», «blanco» y «en forma de disco» son representaciones cognitivas creadas por el acto de observación.

Una analogía puede ayudar a aclarar este punto: cuando no hay aviones en el cielo, no hay representaciones en el panel de instrumentos. Nada se mide ni se muestra en él. Del mismo modo, cuando no hay seres vivos observando la realidad, no hay mundo «físico», ya que el mundo «físico» es un conjunto de representaciones perceptivas que surgen de la observación. Pero esto no significa que no haya cielo en ausencia de aviones. Las nubes siguen estando ahí, los estados del cielo —su presión atmosférica, la dirección del viento, etc.— siguen estando ahí, aunque no se midan ni se muestren en un panel de instrumentos. Del mismo modo, la realidad que se representaría como el contenido de la percepción —es decir, como objetos y sucesos «físicos»— en caso de que alguien la observara, existe con independencia de la observación. Aquello representado existe con independencia de la representación, pero la representación en sí obviamente no tiene existencia independiente.

El mundo «físico» que aparece en la pantalla de la percepción es la representación, no lo representado, ya que asociamos la fisicalidad al contenido de la percepción. El contenido de la percepción, a su vez, *no* es el mundo tal como es en sí mismo, ya que la percepción no es una ventana transparente a la realidad. Por tanto, no tenemos razones para ampliar la noción de fisicalidad más allá de la percepción, hacia la cosa percibida, como tampoco tenemos motivos para afirmar que las nubes del cielo son fenómenos «relativos a un panel de instrumentos». Así pues, no podemos afirmar que el mundo *real* sea físico. De hecho, en cualquier sentido reconocible de la palabra *físico*, el mundo real *no* es físico, ya

que el significado mismo de la fisicalidad está anclado en los parámetros y escalas del panel de instrumentos.

Para que todo esto resulte un poco menos ambiguo, permíteme
introducir una convención muy sencilla. Diré que algo es «físico»
en sentido coloquial cuando consista en *contenidos de percepción*;
es decir, algo hecho de los colores, sonidos, olores, sabores o texturas que *experimentamos*. En este caso, pondré comillas alrededor del calificativo «físico». Obsérvese que es precisamente de
este modo como utilizamos el término en la conversación cuando aludimos a la fisicalidad —concreción, solidez, frialdad, tex-
tura *sentidas*— de, por ejemplo, una piedra que tenemos en la
mano. Las cosas «físicas» son fundamentalmente experienciales,
en el sentido de que el contenido de la percepción es experiencial. Para todos los demás usos de la palabra —por ejemplo, cuando me refiera a algo perteneciente a la ciencia física, como las
ecuaciones físicas o las magnitudes físicas, o cuando defina un
uso particular a lo largo del texto— emplearé el calificativo físico
sin comillas. Te habrás dado cuenta de que he usado esta convención desde el principio, antes de hacerla explícita.

Dicho esto, prosigamos. Los estados «físicos» son estados cognitivos internos que se pueden describir mediante *magnitudes
físicas*, como gramos y metros. Con ese fin se crearon las magnitudes físicas: para *describir* estados «físicos». Cuando decimos,
por ejemplo, que una maleta pesa 50 kilos, estamos proporcio-
nando una descripción de la experiencia perceptiva de levantar
la maleta, o de observar el comportamiento de una báscula al
interactuar con ella. Si le digo a alguien que está a punto de levantar mi maleta que su peso es de 50 kilos, esa persona esperará
una experiencia distinta de la que habría esperado si le hubiera
dicho, en cambio, que mi equipaje pesaba 5 kilos. Del mismo
modo, cuando informo a un conductor desorientado de que su
destino está a 1 kilómetro de distancia esperará una experiencia
de conducción distinta de la que habría esperado si le hubiera

indicado, en su lugar, que su meta se encontraba a 100 kilómetros. *Las magnitudes físicas son descripciones relativas de la experiencia perceptiva.*

Ahora bien, puesto que los estados «físicos» son representaciones internas, los estados *reales* del mundo exterior no son necesariamente descriptibles mediante magnitudes físicas, ya que las características del contenido de la percepción no son necesariamente las características del mundo real, del mismo modo que las singularidades de los dispositivos de medición de un panel de instrumentos no son las singularidades de las nubes en el cielo. Por tanto, tenemos motivos para creer que los estados *reales* del mundo —que son externos e independientes de nuestras representaciones perceptivas— son *no* físicos, en el sentido de que no son susceptibles de descripción mediante magnitudes físicas. Al fin y al cabo, estas se crearon para describir estados «físicos», no estados *reales*.

¿Es coherente concebir los estados no físicos en este sentido? Claro que sí. Además, todos tenemos relación con estados no físicos —en el sentido de estados que no son susceptibles de descripción mediante magnitudes físicas— todos los días, varias veces al día. Pensemos, por ejemplo: ¿cuál es la longitud en metros de un pensamiento? ¿Cuál es la masa en gramos de una emoción? ¿Cuál es el momento cinético de una intuición? ¿Cuál es la frecuencia en hercios de una intuición? Nuestros estados experienciales *endógenos*, es decir, los estados mentales que surgen espontáneamente en nuestro interior con independencia de la percepción, como los pensamientos y las emociones, no son susceptibles de descripción mediante magnitudes físicas. Como tales, son estados no físicos, en el sentido específico que se ha mencionado. (Uno puede sentirse tentado a hacer la suposición teórica y abstracta de que deben ser de alguna manera *reducibles a* —es decir, explicables en términos de— estados físicos, pero esto sería una forma de razonamiento circular, ya que el asunto en cuesión es precisamente qué es o no reducible. Además, tampoco cambiaría el hecho de que las cualidades de los estados experienciales endógenos no pueden, en sí mismos, describirse en términos físicos). Sin embargo, los estados experienciales endógenos existen de manera obvia: todos los conocemos por experiencia directa. La existencia de estados no físicos no es, por tanto, una inferencia conceptual abstracta, sino una realidad empírica primaria y evidente.

Al decir esto, *no* estoy afirmando que el mundo real, tal como es en sí mismo, esté hecho de pensamientos y emociones cualitativamente afines a los nuestros; eso no lo sé, ya que desconozco cómo *es* el mundo real ahí fuera. Pero nuestros pensamientos y emociones sí son una prueba de la existencia de la *categoría* de la que hablamos, es decir, de estados no físicos. Como tal, es coherente plantear que el mundo real está constituido por estados no físicos, sean cuales sean sus características específicas. Y este es el escenario que el razonamiento analítico de vanguardia nos obliga a contemplar.

En resumen, el contenido de la percepción no es el mundo tal como es en sí mismo. La percepción no es una ventana transparente al mundo, sino una representación codificada de él, que ha evolucionado para limitar nuestra entropía interna y permitir respuestas eficaces frente a los retos del entorno. Lo que llamamos mundo «físico» son meras representaciones: contenidos de la percepción susceptibles de descripción mediante magnitudes físicas. Pero el mundo real, tal y como es en sí mismo, fuera de la percepción, está constituido por estados no físicos, en el sentido de que no son susceptibles de descripción mediante magnitudes físicas. Un ejemplo de estados no físicos son nuestras propias experiencias endógenas, como nuestros pensamientos y emociones.

Te resultará más fácil comprender los capítulos siguientes si, a medida que los lees, interpretas lo que se dice a la luz de lo expuesto arriba. Aunque supone un reto psicológico, debes intentar dejar de lado —aunque solo sea en aras de la argumentación— la idea de que percibes el mundo tal como es en realidad. Una técnica que te ayudará a lograrlo consiste en imaginar que estás encerrado en la cabina de un avión sin ventanas, equipado únicamente con un panel de instrumentos en forma de un casco de realidad virtual. El mundo que percibes es lo que se muestra dentro del casco, no lo que hay realmente en el exterior. *Los estados del mundo real se encuentran «detrás» y «más allá» de la fisicalidad, igual que el cielo se encuentra «detrás» y «más allá» del panel de instrumentos del avión.* Y puesto que los únicos ejemplos concretos que tenemos de estados no físicos son los estados experienciales endógenos, como los pensamientos y las emociones, la hipótesis más parsimoniosa y coherente es considerar la fisicalidad como una representación de los estados mentales transpersonales del mundo real ahí fuera en un panel de instrumentos.

CAPÍTULO 3
Cómo se equivoca el fisicalismo

E L FISICALISTA PARTE de donde todos lo hacemos: de nuestras percepciones del mundo que nos rodea. Como todos nosotros, el fisicalista percibe un sinnúmero de objetos y sucesos «físicos» descriptibles mediante magnitudes físicas, que ocupan el andamiaje del espacio-tiempo que todos parecemos habitar. Y hay que admitir que todos estos objetos y sucesos «físicos» *parecen* ser externos a nosotros, en el sentido de que su comportamiento no puede ser controlado directamente por nuestros pensamientos, deseos o imaginación.

Naturalmente, las representaciones internas de entidades externas parecen ser externas a nosotros, en el sentido de que su conducta —modulada como está por las entidades externas reales que representan— no es directamente controlable por nuestra actividad mental. Esto no significa que nuestras representaciones perceptivas sean externas a nosotros, lo que implica es que las entidades que representan sí lo son.

Pero el fisicalista no ve esta distinción. Engañado por la ilusión de que la percepción es una ventana transparente a la realidad —una ilusión perdonable quizá en el siglo XVIII, pero difícil de defender entre los científicos y filósofos reflexivos y cultos del siglo XXI—, el fisicalista confunde la representación con lo representado y, por tanto, la exterioridad de lo representado con la exterioridad de la propia representación. En otras palabras, piensa que el mundo «físico» percibido es externo al perceptor y, por tanto, el mundo *real* ahí fuera. Este es el primer error del fisicalista.

No quisiera ser malinterpretado: el fisicalista reconoce que los colores que vemos, los sabores que degustamos, las texturas que sentimos, etc., en la medida en que son cualidades de la experiencia, son representaciones cognitivas internas; no están ahí fuera, en el mundo exterior. Pero el fisicalista cree, no obstante, que los *contornos* perceptibles en la pantalla de la percepción —es decir, las figuras, las formas, las configuraciones del contenido de la percepción, y las relaciones geométricas relativas entre ellas— son los contornos reales del mundo externo. Es en este sentido que el fisicalista confunde la percepción con la cosa percibida: las formas, configuraciones, posiciones y movimientos del contenido de la percepción son, para el fisicalista, las formas, configuraciones, posiciones y movimientos *reales* del mundo externo. La pelota de baloncesto percibida existe supuestamente *como una pelota* ahí fuera en el mundo, y cuando vemos rebotar la pelota desde nuestra percepción, la pelota real está rebotando supuestamente ahí fuera en el mundo. Por eso el calificativo «físico» se ha vuelto tan ambiguo en nuestro lenguaje, pues se refiere tanto al contenido de la percepción como al mundo tal como es en sí mismo.

Obsérvese que la suposición fisicalista aquí es tan grande y significativa como injustificada, ya que implica que la estructura y la dinámica de las representaciones perceptivas son la estructura y la dinámica de lo representado. Implica igualmente que los objetos «físicos» observables en la percepción tienen una correspondencia unívoca con los objetos que existen realmente ahí fuera, con los propios contornos, y que los sucesos «físicos» observables en la percepción se desarrollan realmente en el mundo exterior. ¿Por qué habría de ser cierto todo esto? Que una aguja se mueva en un dispositivo de medición del panel de instrumentos de un avión no comporta que haya una aguja moviéndose en el cielo (aunque sí indica con precisión que *algo* ocurre en el cielo, que no tiene que parecerse a una aguja).

De hecho, confundir la estructura del contenido de la percepción con la estructura del mundo exterior es como confundir las formas de los dispositivos de medición del panel de instrumentos de un avión con las formas de las nubes, el viento y la distribución de presión en el cielo, es decir, es absurdo. No existe una correspondencia unívoca entre los dispositivos de medición individuales y los objetos o sucesos individuales del cielo, aunque esos objetos y sucesos estén representados, de forma codificada, en esos dispositivos.

Analicemos ahora el segundo error del fisicalista. En algún momento de la historia, nuestra cultura en su conjunto se dio cuenta de que las *cantidades* —los números— eran sumamente útiles para describir los objetos y sucesos que percibimos. Estas descripciones no solo nos ayudan a comunicarnos —por ejemplo, al decirle al camarero si queremos una o media pinta de cerveza—, sino también a construir un modelo teórico y predecir el comportamiento de la naturaleza mediante ecuaciones científicas. De hecho, esta es la base misma del desarrollo tecnológico. Resulta sensato para cualquier metafísica medianamente racional y ninguna persona en su sano juicio negaría esto.

Pero el fisicalista va un paso más allá igualmente trascendental, en lo que debería ser uno de los movimientos más extraños de la historia del pensamiento humano: *sostiene que la descripción precede fundamentalmente a la cosa descrita*. Para el fisicalista, los 50 kilogramos que pesa mi maleta *son* mi maleta y no una mera descripción. Los 50 kilogramos son lo que existe objetivamente ahí fuera en la realidad externa y confieren a la maleta su propia sustancia, su propia esencia. De hecho, el fisicalista postula que los números con los que describimos el mundo percibido son el aspecto *fundamental* de la realidad, la capa inferior, irreductible, más sólida de la naturaleza, que existe objetivamente, con independencia de nosotros. Lo que *realmente* existe ahí fuera no son colores, sabores u olores, sino metros, kilogramos, segundos, litros, etc. Para el fisicalista, el mundo real es físico no solo en el sentido de que es descriptible mediante magnitudes físicas, sino de que está *constituido* por magnitudes físicas.

Obsérvese la inversión acrobática que se produce aquí: es evidente que somos nosotros, los seres humanos, quienes ideamos nuestras propias *descripciones* de la experiencia perceptiva del mundo exterior. Aquello que en última instancia se describe a través de su representación física —es decir, lo representado— está ahí fuera, mientras que las propias descripciones están «aquí dentro», por así decirlo. Pero el fisicalista invierte esta situación: son las descripciones las que están ahí fuera, es decir, los kilogramos, los metros, los litros, los segundos, etc., mientras que las cosas descritas surgen de algún modo de las descripciones y son dotadas de sustancia por ellas. Esto equivale literalmente a afirmar que el mapa precede al territorio y de alguna manera genera el territorio.

Ciertamente muy pocas personas están tan locas como para que se les ocurra semejante disparate de improviso sin ningún tipo de detonante o motivación, por inválidos que sean. De modo que ¿cómo surgió esta extraña idea, antes de que el mero impulso cultural empezara a darle un barniz de verosimilitud? Responderé a esta pregunta contándote una historia que probablemente no sea del todo cierta, pero que al menos ilustra una posible explicación histórico-psicológica del lamentable estado de nuestra metafísica actual.

Remontémonos a los primeros años de la Ilustración, cuando los miembros de la incipiente comunidad científica necesitaban abrirse camino en un terreno metafísico distinto de la «psique» para sortear la persecución de la Iglesia. Se enfrentaban a un difícil problema, ya que, aparte de las abstracciones teóricas, todo es psíquico, experiencial, mental, espiritual. Incluso nuestras percepciones del mundo exterior que nos rodea son mentales, en el sentido de que están constituidas por cualidades experienciales como colores, sabores, olores, texturas, etc. Todo lo que toca la varita de nuestro conocimiento —aunque solo sea ligeramente— se convierte *forzosamente* en mental, ya que el conocimiento reside en la mente. Todo lo que no sea mental es necesariamente una abstracción conceptual de la mente, residiendo la propia abstracción en nuestra mente. Siempre estamos encerrados en nuestra propia actividad mental. Si hay algo fuera de ella, entonces hay que llevarlo dentro —y de este modo se convierte de inmediato en mental— si queremos conocerlo en cualquier sentido de la palabra.

Sin embargo, la exigencia de supervivencia impuesta a los fundadores de la Ilustración radicaba precisamente en eludir su propia actividad mental —pues la actividad mental es la psique, que era competencia de la Iglesia— en su búsqueda de conocimiento. ¿Cómo realizar semejante truco de magia? Una posibilidad era apelar al conocimiento indirecto: aquello que conocemos, pero no de forma directa. Esas cosas, a pesar de ser conocidas, están fuera de nuestra propia mente y, por tanto, son objetivas desde nuestra perspectiva. Existen —pues son conocidas—, pero sin ser tocadas por la varita de nuestro propio conocimiento. Sin embargo, es obvio que esto no funciona: las cosas conocidas deben seguir existiendo en *una mente*, aunque no sea nuestra propia mente, aunque no sea una mente *humana*. De este modo, todavía se encontrarían dentro del ámbito de la psique, que estaba bajo el control de la Iglesia. El idealismo subjetivo del obispo Berkeley dejó esto muy claro al afirmar que el mundo externo existe en la mente de Dios.

Lo que se necesitaba para escapar de las garras de la Iglesia era un espacio fuera de *cualquier* mente, incluso de la mente divina. Pero al mirar el mundo con mayor intensidad y profundidad, lo único que conseguimos es ampliar el alcance de nuestra actividad mental, y nuestros héroes de la Ilustración comprendieron esto. *Lo que se necesitaba era abandonar la concreción de la experiencia y reificar, en su lugar, alguna forma de abstracción.* Así pues, adujeron que, aunque la propia abstracción fuera innegablemente mental, podría *apuntar* correctamente *a* algo fuera de sí misma, que a su vez podría decirse que no era mental. Este espacio no mental quedaría así fuera de la jurisdicción eclesial.

Y aquí es donde esas descripciones cuantitativas de las que hablábamos antes resultan de repente útiles, de hecho ¡sumamente útiles! La característica definitoria de lo mental es su naturaleza *cualitativa*, es decir, lo que se *siente* al conocer o estar familiarizado con algo. Si pudiera crearse una dicotomía semántica —inventada, concebida o sacada de la nada— entre *cualidades*, por un lado, y *cantidades*, por otro, entonces podría decirse que nuestras descripciones de la realidad tienen un carácter no mental en la medida en que son puramente cuantitativas. De ahí que se afirmara que «cualidad = mente» y «cantidad = no-mente». Y ¡listo!

Por supuesto, este truco de magia no solo es totalmente arbitrario y meramente semántico, sino también contraproducente, ya que las cantidades no son más que descripciones mentales de lo mental. No obstante, es razonable suponer que salvó la vida o el sustento de un gran número de científicos. En la actualidad sigue siendo una parte fundamental de nuestras intuiciones heredadas y ligadas a la cultura: pregúntate si no te parece bastante lógico que las cualidades y las cantidades formen una dicotomía real.

Y fue así como la absurda noción de que las descripciones cuantitativas son fundamentalmente —es decir, metafísica, ontológicamente— distintas del mundo cualitativo descrito se consagró en las más altas esferas de nuestra cultura. De esta manera se produce la magia: mediante trucos lingüísticos que se confunden con hechos reales, incluso —quizá especialmente— por aquellos que inventan esos trucos.

Al principio, en la época de René Descartes, lo único que se necesitaba para escapar de la Iglesia era separar lo mental de lo no mental inventado —etiquetado como «material»— y afirmar que la ciencia se ocupaba únicamente de esto último. El propio dualismo de la sustancia de Descartes no intentaba eliminar ninguno de los dos lados de este par ni hacer que uno fuera más importante que el otro. Por el contrario, se suponía que eran complementarios. Este espíritu intelectual prevaleció entre las élites eruditas hasta principios del siglo XIX, como se puede ver, por ejemplo, en estas palabras del gran Goethe:

«Al que no le entre en la cabeza que espíritu y materia, alma y cuerpo […] son y serán los dos ingredientes necesarios del universo, […] quien no pueda elevarse a esta idea, habría tenido que renunciar ya hace tiempo al pensamiento».
(Citado en *Goethe: La vida como obra de arte*, Tusquets Editores, 2015, capítulo 29).

Obsérvese que, para Goethe, alguna forma de dualismo de la sustancia no era en absoluto una cuestión de fe, sino de *razón*, pues no reconocerlo representaba un abandono del propio pensamiento. Goethe —burgués de nacimiento, hijo de un abogado que gozaba de independencia económica— llegó a adquirir un título de nobleza y fue miembro de la élite intelectual de su época, quizá la más destacada. Su perspectiva es, por tanto, bastante relevante y representativa.

Sin embargo, en la segunda mitad del siglo XIX, cuando ya no estaba en juego la mera supervivencia de las élites intelectuales burguesas, sino su *hegemonía cultural* sobre el clero, se generalizó entre esas élites una afirmación adicional: las descripciones cuantitativas *preceden* a las cualidades descritas, de alguna forma dando lugar y confiriendo esencia a estas últimas. Esto significaba que lo que estudia la ciencia —es decir, la materia— es más profundo y fundamental que el dominio de la Iglesia sobre la psique. De este modo, se abandonó la igualdad entre mente y materia en favor de esta última. De hecho, el héroe intelectual burgués Charles Darwin —hijo de un médico y financiero de éxito— ya había asestado un golpe al clero al arrebatarle el poder de explicar la vida misma. Esto incentivó las ambiciones de la burguesía, de tal forma que la afirmación de que la mente debe ser reducible a la materia fue el siguiente intento psicológicamente previsible de *dar un golpe de gracia* metafísico contra la Iglesia. En la actualidad, casi dos siglos después, la afirmación sigue vigente, ya que el fisicalismo moderno sostiene precisamente que lo cualitativo-mental puede reducirse —en principio— a lo cuantitati-

vo-físico, aunque nadie pueda ni siquiera empezar a explicar
cómo es eso posible.

Lo que intento ilustrar es que el fisicalismo dominante no es una
hipótesis motivada por la evidencia y el pensamiento claro, sino
un efecto secundario filosófico de un juego de poder psico-so-
cio-político. Lo que se acepta como evidencia empírica a favor
del fisicalismo es a menudo meramente una evidencia de la existencia de un mundo fuera de nuestras mentes *individuales*, no de
un mundo metafísicamente diferente de la mente en general,
como categoría ontológica u esfera de lo existente. Pero dado
que estamos condicionados por la idea de que todo aquello que
se encuentra fuera de la mente de los seres vivos es no mental,
ingenuamente malinterpretamos la innegable y abrumadora evidencia de un mundo fuera de los seres vivos —un mundo que los
seres vivos *habitan*— *como* evidencia de lo no mental.

   ¿Qué conduce a tal sesgo interpretativo? La respuesta es el
propio fisicalismo, pues solo bajo sus premisas la mente, al ser supuestamente un producto del metabolismo, debe estar siempre
limitada a los seres vivos (aunque es un hecho reconocido que los
estados mentales se correlacionan bien con los estados metabóli-
cos cerebrales, eso no implica un pensamiento fisicalista, como
trataré en detalle más adelante). Por tanto —o así se cree— el entorno *habitado* por los seres vivos no puede ser mental en sí mismo, *ergo* es material, porque ¿qué otra cosa hay? Este es un ejemplo de la circularidad que subyace en el fisicalismo dominante,
como he mencionado anteriormente. Si procedes de un entorno
fisicalista, puede que necesites releer este párrafo y el anterior, tal
vez un par de veces, para percatarte de la circularidad en cuestión.

   He aquí otro ejemplo: dado que todo sucede *como si* lo que
aparece en la pantalla de la percepción fuera el mundo real ahí
fuera, concluimos que el mundo real debe ser físico, en el sentido
de que tiene la estructura del contenido de la percepción. Si ves
venir un tren y te pones delante de él, te mueres, eso funciona

como si llegara un tren físico real. Lo mismo sucede con un avión sin ventanas: todo tiene lugar como si el panel de instrumentos fuera el cielo exterior, tanto es así que el avión se estrellará si el piloto lo ignora o actúa en contra de sus indicaciones. ¿Por qué sucede esto? Porque el comportamiento del panel de instrumentos está *correlacionado*, por construcción, con los parámetros más destacados del cielo exterior, en la medida en que *representa* —de forma codificada— los estados del cielo. En otras palabras, el panel de instrumentos transmite información *precisa y relevante* sobre el cielo exterior, sin *ser* el cielo. Precisamente se construyó para ese fin. Pero puesto que estamos ciegos ante el hecho bastante trivial de que puede transmitirse información precisa a través de la mediación representacional, no vemos que la percepción es más parecida a un panel de instrumentos que a la realidad. ¿Y qué inculca este sesgo en nuestra mente? La respuesta es, de nuevo, las premisas fisicalistas no examinadas, según las cuales la estructura del mundo real es «obviamente» la estructura de lo que aparece en la pantalla de la percepción. Así pues, el fisicalismo es en gran medida un engaño que se autoperpetúa. El hecho de que los fisicalistas piensen que se guían por la evidencia no hace más que revelar el carácter circular del engaño, en la medida en que su evidencia es trivialmente malinterpretada para que implique lo que no implica.

Aún puede decirse más sobre cómo malinterpretamos la evidencia para aceptar nuestro sesgo fisicalista, así pues, retomaré la cuestión más adelante. Por ahora, sin embargo, el punto destacado es este: si bien hubo una claridad inicial entre las personas implicadas en el juego de poder social acerca de que el fisicalismo era un movimiento político, hoy en día esta claridad se ha perdido. Ahora creemos *realmente* en el fisicalismo, ya que el impulso cultural acumulado gracias a ser presentado repetidamente como un hecho durante generaciones —así como su actual asociación condicionada con perspectivas «educadas» y de «élite»— es inmenso. Al igual que los propagandistas políticos que acaban tragándose su propia charlatanería, ahora nos creemos el

fisicalismo a pies juntillas, porque lo han repetido hasta la saciedad personas por lo demás creíbles y cultas que supuestamente
ya pensaban en estas cosas antes de que naciéramos. Este impulso cultural nos da licencia para *no* pensar críticamente sobre ello
nosotros mismos, porque otros ya han pensado por nosotros, ¿no
es así? Y si todas esas personas cultas creían en el fisicalismo, entonces debe ser cierto, y no necesitamos gastar energía reinven-
tando la rueda... Lo que tenemos que hacer, cuando se trata de
nuestra propia credibilidad, carrera y posición social, es repetir la
historia fisicalista nosotros mismos, para igualmente aparecer
ante los demás como pensadores cultos de élite, que valiente-
mente —incluso heroicamente— se enfrentan al duro hecho de
que la naturaleza está muerta y no tiene sentido. Y de este modo,
este autoengaño que se autoperpetúa perdura con firmeza, porque tus hijos te ven a ti —o al presentador de las noticias de la
noche, al médico de cabecera, al profesor del colegio, etc.— tra-
garse esa charlatanería. Luego ellos se lo repiten a tus nietos, y
estos a su vez a tus bisnietos, etc. Tras generaciones de este per-
nicioso ciclo psicológico, una cultura puede llegar a estar *sinceramente* convencida de que esas patrañas descaradas —como que
el mapa precede al territorio— son válidas, ya que acaban im-
pregnadas de una fabricada sensación de verosimilitud. Bienve-
nido al siglo XX, una época en la que la Iglesia ya estaba ampliamente derrotada, pero las élites intelectuales burguesas pisaron
sus propias minas cuando regresaban del campo de batalla.

Afortunadamente, la dinámica sociopsicológica no puede hacer
que algo incoherente y empíricamente inadecuado se convierta
en verdad por arte de magia. Hay una indelebilidad de la razón y
la evidencia que, como el agua que salpica contra la roca, acaba
por resquebrajar los muros psicológicos más fuertes. Y eso también comenzó a suceder a finales del siglo XX.

En el fisicalismo dominante, las entidades físicas se *definen* en
función de sus propiedades físicas *cuantitativas* y mensurables. Ex-

presado de otra forma, un electrón *es* su masa, carga, cantidad de movimiento, etc. mensurables. Se supone que no hay nada en un electrón salvo sus propiedades cuantitativas. Para el fisicalismo estas entidades físicas tienen *existencia autónoma*: supuestamente existen por sí mismas, con independencia de la observación o la medición. La observación y la medición se limitan a *revelar*, a *desvelar* sus propiedades, que ya existían —o eso se dice— inmediatamente antes de la observación o la medición. Este concepto se denomina «realismo físico». Y, en efecto, la práctica de la ciencia empírica no lo contradijo hasta finales de los años setenta.

Pero mientras examinaban cada vez más detalladamente los componentes básicos de la materia, los científicos se dieron cuenta de algo que desafiaba las expectativas fisicalistas: los resultados de laboratorio empezaron a mostrar que, de hecho, *no* se puede decir que las entidades físicas existan antes de la medición. Por el contrario, la *fisicalidad es un producto de la medición*.

Esta destacable serie de experimentos —realizados por diferentes grupos de investigación a lo largo de más de cuatro décadas— llevó al comité del Premio Nobel a conceder a los investigadores principales el Premio Nobel de Física en 2022, el más alto honor de la ciencia. A continuación, describiré brevemente la forma general de los experimentos y analizaré por qué sus resultados refutan el realismo físico.

El procedimiento experimental es el siguiente: dos partículas subatómicas —digamos A y B— se preparan de tal manera que queden entrelazadas («entrelazamiento» es la jerga física empleada para decir que las partículas no pueden describirse de forma independiente una de la otra). A continuación, se envían en direcciones opuestas a (casi) la velocidad de la luz. Una vez recorrida cierta distancia, una científica, que podría ser Alice, mide la partícula A, mientras que otro científico, que podría ser Bob, mide simultáneamente la partícula B en un lugar diferente y lejano. Lo que ocurre entonces es que la elección de Alice sobre qué medir en la partícula A determina lo que Bob ve cuando observa la partícula B. Permíteme que lo repita para que se entienda: *lo que un científico elige medir sobre una partícula determina lo que el otro científico ve cuando observa la otra partícula.*

¿Cómo es esto posible? ¿Cómo puede la elección de lo que se mide de una partícula determinar lo que *es* la otra partícula? ¿No debería la observación simplemente *revelar* lo que la partícula ya era, en sí misma y por sí misma, con independencia de lo que se mida en la otra? ¿Y cómo es posible que dos mediciones distantes pero simultáneas estén totalmente correlacionadas entre sí, a pesar del límite de velocidad de la luz, que debería impedir cualquier transferencia de información necesaria para dicha correlación?

Este resultado no es conciliable con las premisas fisicalistas (a menos que se tomen en serio algunas grotescas fantasías de ciencia ficción, de las que hablaré en breve). Si las dos partículas fueran *reales físicamente*, en el sentido de tener existencia autónoma, entonces sus propiedades mensurables —que, como hemos visto, definen su existencia— serían lo que son con independencia de lo que se decida medir en ellas. Una maleta, por ejemplo, parece tener una masa, una altura y una longitud determinadas, al margen de lo que se mida en ella. Si pesa 50 kilogramos en una báscula, seguirá pesando 50 kilogramos incluso cuando no se encuentre sobre una báscula, o eso es lo que estipula el fisicalismo. Las mediciones supuestamente *revelan* algo que ya era cierto sobre la maleta inmediatamente antes de la medición, no la determinan. Si el fisicalismo dominante fuera cierto, lo mismo se aplicaría a las partículas subatómicas de nuestro experimento, ya que una maleta no es más que una agrupación de partículas subatómicas: la medición simplemente debería revelar las propiedades que las partículas ya tenían, por sí mismas, inmediatamente antes de la medición.

De forma experimental, sin embargo, lo que vemos es que las propiedades de una partícula dependen de lo que decidamos observar de la otra. Las propiedades de las partículas no existen por sí solas, sino que son creadas por el propio acto de medir. Y puesto que no hay nada de una partícula física salvo sus propiedades físicas medibles, no puede decirse que las *propias partículas* existan a menos que se midan. Esto, por supuesto, es incompatible con el realismo físico y, por tanto, con el propio fisicalismo dominante.

Si uno sigue insistiendo en el realismo físico, tiene que renunciar a la ciencia explícita, sensata y empírica, y tomar en consideración alguna de las dos fantasías sumamente inflacionarias y totalmente especulativas existentes. La primera es la llamada hipótesis de los «muchos mundos everettianos»: cada vez que se hace una observación, se supone que se producen *todos* los resultados posibles, pero cada uno en un universo paralelo separado. El resultado que desafía el paradigma y que *casualmente* vemos es el que *casualmente* se produce en el universo paralelo en el que *casualmente* vivimos. Copias de nosotros en otros universos paralelos observan todos los demás resultados, por lo que no hay nada de qué preocuparse si vemos cosas que contradicen nuestras expectativas y prejuicios. Uno casi puede sentir la cálida y difusa tranquilidad metafísica que esto proporciona: cualquier cosa que elijas creer es una especie de juego limpio, ya que todo lo que *podría* ser observado *es* observado, solo que en algún otro universo *inaccesible*, en alguna otra dimensión *inaccesible*, por alguna otra copia *inaccesible* de ti mismo, siendo «inaccesible» una palabra clave aquí. Si se toma en serio, este subterfugio no disimulado, pero sí muy imaginativo, podría utilizarse para justificar casi cualquier cosa que no contradiga abiertamente las leyes de los grandes números.

Algunos afirman que la idea de los universos paralelos «fluye naturalmente» de la teoría cuántica, una noción basada en una combinación de grotesca arrogancia epistémica y un completo abandono del sentido natural de la verosimilitud. La idea es que, dado que las ecuaciones de la mecánica cuántica —que se nos han ocurrido a *nosotros* para intentar comprender el comportamiento de la naturaleza— no pueden predecir el resultado de ningún suceso específico, sino solo promedios estadísticos, es claro que la naturaleza debe producir *todos* los resultados *posibles*; de lo contrario, nosotros, intelectos divinos que somos, ya habríamos sido capaces de hacerlo mejor, ¿no es así? En otras palabras, dado que *nosotros*, simios bípedos, no hemos conseguido predecir el comportamiento de la naturaleza en su nivel más sutil, entonces... ¡deben existir universos paralelos invisibles!

Esta idea sería un poco más acertada si tuviéramos *alguna* prueba directa de todos estos paralelismos. Pero por desgracia carecemos de ella. Simplemente debemos creer en innumerables universos paralelos que surgen cada fracción infinitesimal de segundo siempre que se produce una interacción microscópica en cualquier parte del universo, que es posiblemente la noción más inflacionaria que el pensamiento humano *puede* producir coherentemente. De hecho, es tan inflacionaria que es literalmente *imposible* visualizar explícitamente la cantidad de cosas apareciendo repentinamente que implicaría, es demasiado complejo para poder entenderlo. Se trata de una explosión termonuclear vertiginosa y exponencial de cosas empíricamente inverificables que hacen que el Big Bang parezca un juego pirotécnico. Que semejante fantasía no solo se tome en serio, sino que incluso sea promovida públicamente por profesores de algunas universidades respetadas, ilustra hasta qué punto la creencia en el fisicalismo puede llevar a personas por lo demás razonables e inteligentes por vías extraordinariamente inverosímiles de pura especulación. Desde la perspectiva de la psicología, esto merece un estudio en profundidad, y no lo digo con sarcasmo.

La otra fantasía, totalmente especulativa y sumamente vaga, se denomina «superdeterminismo»: supuestamente existen misteriosas «variables ocultas» en la naturaleza, poniendo énfasis en «misteriosas» y «ocultas», que hacen exactamente lo que sea necesario para que los resultados experimentales obtenidos sigan siendo congruentes con el realismo físico. ¿Cuáles son esas variables ocultas? Nadie las ha especificado nunca de forma explícita y coherente, por lo que ni siquiera podemos empezar a buscarlas mediante experimentos que podrían falsar la hipótesis. ¿Cómo hacen precisamente las variables ocultas lo que se supone que hacen? Tampoco nadie lo ha especificado nunca, simplemente lo hacen de alguna manera. ¿Pero hacer qué, exactamente? Lo que tenga que ocurrir en la naturaleza para que podamos seguir creyendo en el realismo físico, a pesar de que los resultados experimentales nos digan lo contrario. Si hay alguna exageración en esta descripción coloquial del superdeterminismo, es solo leve.

El superdeterminismo equivale a decir, si se cree en el creacionismo, que la naturaleza tiene un agente misterioso y oculto que hace exactamente lo que sea necesario para crear la ilusión de un registro fósil, aunque la selección natural sea falsa y el mundo haya sido creado en los últimos diez mil años. ¿Cómo? No lo sabemos. ¿Qué es este agente misterioso? No tenemos ni idea, simplemente lo llamamos «dios oculto». Y definimos a este agente en función de lo que tiene que ser cierto para que podamos seguir creyendo en el creacionismo, a pesar de la abrumadora evidencia empírica a favor de una hipótesis alternativa, a saber, que el registro fósil apunta a una evolución por selección natural. Detrás de un lenguaje sumamente técnico, el espíritu del superdeterminismo es sorprendentemente afín a esto.

Pero lo que los resultados de laboratorio nos vienen diciendo sistemáticamente desde hace más de 40 años —tan sistemáticamente, de hecho, que se ha concedido un Premio Nobel a los investigadores— es que las entidades físicas no tienen existencia autónoma. Son, de hecho, productos de mediciones. Pero puesto que este resultado es metafísicamente inaceptable para algunos, imaginan variables ocultas indefinidas y universos paralelos inaccesibles para rescatar nuestros prejuicios metafísicos de las frías garras de la dura evidencia experimental.

Para que te des cuenta de que no estoy exagerando, podemos profundizar un poco más en el superdeterminismo. De acuerdo con este planteamiento, los ajustes de los dispositivos de medición utilizados por Alice y Bob cambian de alguna manera lo que *son* las partículas A y B —en lugar de simplemente, bueno, *medirlas*, que es para lo que están hechos esos dispositivos—, creando de esta forma las correlaciones entre lo que ven Alice y Bob. Es como decir que, al fotografiar la luna en el cielo noctur-no, los ajustes de apertura y exposición de la cámara modifican lo que *es* la luna. De este modo, con independencia de lo que veas en la fotografía resultante, no tienes que deshacerte de tu prejuicio teórico favorito sobre la naturaleza lunar, ya que la luna que había justo antes de que la fotografiaras era diferente de la luna que aparece en la foto. Además, los dispositivos de medición de Alice y Bob tienen que conspirar de alguna manera entre sí, de forma instantánea y a distancia, para garantizar que las propiedades físicas de las partículas A y B estén correlaciona-das, a pesar del límite de la velocidad de la luz. Pero de esto también se encargan milagrosamente las variables ocultas no es-pecificadas, sean cuales sean.

Al elevar el fisicalismo a la categoría de *verdad necesaria y a priori*, a pesar de la evidencia en contra, nuestra cultura ha dado legitimidad a fantasías más que inverosímiles. Al fin y al cabo, dado que el fisicalismo *debe* ser cierto, cualquier forma de conci-liar la evidencia con sus presupuestos, por desesperada e invero-símil que sea, ha de ser una parte legítima del debate, ¿no es así? Y de este modo nuestras intuiciones racionales de plausibilidad se tiran por la ventana sin contemplaciones. Así es como las cul-turas acaban siendo derrotadas por sus propias tonterías.

Sin fantasías teóricas, debemos aceptar sobre bases empíricas só-lidas que el mundo físico se crea a partir de la observación o la medición. Expresado de otro modo, la física nos dice de forma experimental que, tal como hemos concluido previamente sobre bases totalmente distintas, el mundo físico no es más que una representación creada mediante mediciones en un panel de ins-trumentos, no el mundo real ahí fuera. *El único mundo físico que existe es el mundo «físico» en la pantalla de la percepción.* No hay un mundo físico abstracto subyacente, puramente cuantitativo, con existencia autónoma.

En realidad, ninguno de estos resultados experimentales resulta sorprendente o desconcertante si se consideran sin prejuicios metafísicos: los dispositivos del panel de instrumentos de un avión solo muestran algo cuando se realiza una medición, ya que lo que revelan es precisamente el resultado de la medición. Sin medición, las agujas de los relojes no se mueven y no muestran nada, porque no hay nada que mostrar. ¿Es algo difícil de entender? Ahora bien, exactamente de la misma manera, como han señalado repetidamente los experimentos, las entidades físicas son representaciones de resultados de mediciones en un panel de instrumentos, de modo que sin mediciones no pueden existir entidades físicas. ¿Resulta difícil entenderlo? Si no se realiza ninguna medición, los dispositivos de medición no tienen nada que mostrar y, por tanto, no hay mundo físico, ya que el mundo físico está *constituido por* las indicaciones de esos instrumentos. En otras palabras, todas las entidades físicas son solo entidades «físicas».

Nada de esto implica que no exista una realidad anterior a la medición, pues de lo contrario tendríamos un problema aún mayor, ya que no habría nada que medir. Sigue habiendo cielo cuando no lo surcan aviones que realizan mediciones. Sin sensores aéreos, no hay *representaciones* del cielo en el *panel de instrumentos*. Pero el cielo —no medido— sigue existiendo. Exactamente del mismo modo, cuando no medimos el mundo real externo, no hay mundo «*físico*», porque el mundo «físico», tal como aparece en la pantalla de la percepción, no es más que una representación interna de nuestras mediciones del mundo real. Sin embargo, el mundo real no físico sigue existiendo de todas formas.

Las cosas no podrían ser más sencillas si nos limitáramos a aceptar lo que nos dice la naturaleza, en lugar de imponerle nuestros prejuicios metafísicos: la fisicalidad no es el mundo real, sino una representación cognitiva interna de él, por eso solo aparece con la observación y no puede decirse que exista antes de ella. El mundo que se mide, a su vez, es *real*, pero no físico, en el sentido de no ser descriptible mediante magnitudes físicas. Eso es todo, y no es complicado de entender.

La metáfora del panel de instrumentos puede incluso dar un sentido directo a las correlaciones instantáneas entre lo que Alice y Bob ven al medir las partículas A y B, respectivamente. Estas correlaciones solo son desconcertantes si suponemos que las partículas tienen existencia autónoma, pero no si son meras representaciones. Para ver esto, consideremos la siguiente analogía.

Imagina que estás viendo un partido de fútbol en casa. Como eres un gran aficionado al fútbol, has comprado dos grandes televisores para seguir el mismo partido de forma simultánea en dos canales diferentes. Imagina también que los dos canales tienen sus propias cámaras en el estadio, por lo que cada uno muestra imágenes *diferentes del mismo* partido. Tú ves esas dos imágenes distintas, una al lado de la otra.

Ahora bien, obviamente, las dos imágenes estarán totalmente correlacionadas entre sí, ya que son representaciones del mismo partido, de la misma realidad subyacente. Las imágenes no tienen existencia por sí solas, solo el partido de fútbol en el estadio —la cosa en sí— la tiene. No obstante, las imágenes también serán diferentes, ya que son producidas por cámaras y ángulos de cámara diversos. Nada de esto es contraintuitivo ni difícil de entender.

Sin embargo, si tú fueras un viajero en el tiempo del siglo XVIII y no entendieras cómo funcionan los televisores, te quedarías boquiabierto ante las correlaciones entre las dos imágenes: ¿cómo es posible que los hombrecillos que corren dentro de la caja de la izquierda se muevan en perfecta sincronía con los otros hombrecillos que corren dentro de la caja de la derecha? ¿Cómo puede ocurrir eso si las cajas están totalmente aisladas entre sí, de modo que los hombrecillos no pueden hablar entre ellos a través de ellas? ¡Incomprensible!

Está claro que la fuente de esta perplejidad es la suposición no examinada por parte de nuestro viajero en el tiempo de que las imágenes no son meras representaciones, *sino las cosas en sí mismas*. Si piensas que hay hombrecillos *reales* con existencia autónoma corriendo dentro de los dos televisores, la correlación de su comportamiento a través de los aparatos parecería realmente mágica. Y este es precisamente el error que cometemos cuando se trata de los experimentos de laboratorio que se discuten aquí: consideramos las partículas entrelazadas A y B como cosas *reales* en sí mismas, no meras representaciones de una realidad no física subyacente. Si entendiéramos y aceptáramos esto último, los experimentos no parecerían mágicos en absoluto: las partículas entrelazadas son dos representaciones diferentes —dos imágenes diferentes, dos ángulos de cámara diferentes— de la misma realidad subyacente. Por eso se correlacionan de forma instantánea y a distancia, igual que las imágenes de los dos televisores se correlacionan de forma instantánea y a distancia. Pero en lugar de reconocer lo que nos dice la naturaleza, insistimos en pensar como personas del siglo XVIII frente a la evidencia experimental del siglo XXI.

Los experimentos de física cuántica no son los únicos casos en que los resultados de laboratorio contradicen directamente las premisas y expectativas fisicalistas. Desde 2012, los resultados en el campo de la neurociencia de la conciencia llevan haciendo lo mismo con una congruencia abrumadora. Por ejemplo, antes de 2012 la creencia generalmente aceptada era que las sustancias psicodélicas, que conducen a estados experienciales incalculablemente ricos, estimulaban la actividad neuronal iluminando el cerebro como un árbol de Navidad. La neuroimagen moderna, sin embargo, muestra ahora que es justamente lo contrario: el principal efecto fisiológico de los psicodélicos en el cerebro es reducir significativamente la actividad en múltiples áreas cerebrales, mientras que no la aumentan en ninguna parte del cerebro más allá de errores de medición. Esto se ha demostrado sistemáticamente con numerosas sustancias psicodélicas (psilocibina, LSD, DMT), mediante el uso de múltiples tecnologías de neuroimagen (EEG, MEG, fMRI), por diversos grupos de investigación (en Suiza, Brasil, Reino Unido, etc.). El neurocientífico Edward F. Kelly y yo publicamos un ensayo en el sitio web de *Scientific American* [titulado «Misreporting and Confirmation Bias in Psychedelic Research» (Información errónea y sesgo de confirmación en la investigación psicodélica) el 3 de septiembre de 2018] que proporciona una visión general y referencias a muchos de estos estudios. Como señala el profesor Kelly, se trata de «mediciones impresionantes y directas de la reducción de la actividad cerebral» que son, con mucho, el efecto más robusto que tienen los psicodélicos en el cerebro.

Este resultado contradice al fisicalismo dominante por razones obvias: se supone que la experiencia se genera por la actividad metabólica neuronal. Una persona muerta sin metabolismo no experimenta nada debido a que su cerebro no presenta actividad. Una persona viva sí experimenta debido a que su cerebro sí tiene actividad metabólica, o eso se dice. Y puesto que la actividad neuronal supuestamente *causa* experiencias, no puede haber nada que experimentar salvo lo que puede remontarse a patrones de actividad neuronal (de lo contrario, habría que hablar de experiencia incorpórea), por tanto, una experiencia más rica e intensa —como el estado psicodélico— debería ir acompañada de un incremento de la actividad en *alguna parte* del cerebro, ya que es este incremento el que supuestamente provoca la mayor riqueza e intensidad de la experiencia (este razonamiento se aplica incluso en el entendimiento de que la experiencia se correlaciona con la información intrínseca, siempre que más de la mitad de las neuronas asociadas permanezcan inactivas en el estado psicodélico, como es el caso).

Obsérvese que el fisicalismo seguiría siendo coherente con una disminución *general* de la actividad cerebral en el estado psicodélico, siempre que aún pudieran encontrarse incrementos *localizados* en partes del cerebro congruentes con la experiencia. La razón de esto es que, según el fisicalismo, no todos los procesos neuronales conducen a la experiencia. Solo los llamados «correlatos neuronales de la conciencia» (NCC, por sus siglas en inglés) supuestamente lo hacen. Por tanto, es concebible que los psicodélicos pudieran reducir la actividad en procesos no relacionados con la experiencia consciente, y generar incrementos localizados en los NCC. En concreto, es concebible que los psicodélicos pudieran reducir los procesos inhibitorios que, una vez afectados, desinhibieran los NCC. El problema es que todo esto depende de que se produzcan incrementos de actividad plausiblemente suficientes *en alguna parte* del cerebro —correspondientes a los ahora desinhibidos NCC— en comparación con el estado inicial, para explicar el aumento de la riqueza e intensidad de la experiencia. Pero no se ha observado tal cosa.

Dado que la actividad cerebral no se incrementa en el estado psicodélico, los neurocientíficos fisicalistas concluyen que algo más en el cerebro debe hacerlo. Y así se inicia la búsqueda de *algo* en el cerebro que aumente bajo el efecto de los psicodélicos. Se han propuesto numerosas posibilidades que se han quedado en el camino, como la variabilidad de la actividad cerebral y la conectividad funcional. Pero hay una que sigue existiendo y que se considera la mejor hipótesis fisicalista para explicar la experiencia psicodélica. Recibe varios nombres como «entropía cerebral», «complejidad», «diversidad», etc. [véase «The entropic brain - revisited» (Una revisión del cerebro entrópico), de Robin Carhart-Harris, publicado en *Neuropharmacology*, 2018]. Pero lo que significa es muy sencillo: se trata de *ruido* cerebral, es decir, actividad cerebral residual que no se desarrolla según ningún patrón perceptible, un «sonido de interferencia televisiva» cerebral, si se quiere.

La idea propuesta es que, aunque la actividad cerebral disminuye con los psicodélicos, la actividad residual ha quedado desincronizada por la droga, volviéndose así relativamente más aleatoria que en el estado inicial. Y se supone que este aumento relativo de la aleatoriedad o entropía —esto último significa el grado de desorden de la actividad cerebral restante— explica la insondable

inmensidad experiencial del estado psicodélico. La lógica subyacente es que una actividad más aleatoria contiene más *Información*
que una actividad sincronizada con patrones perceptibles. Bajo
cierta definición de «Información», que explicaré más adelante,
esto es cierto. Y de este modo, la *Información extra* fisiológicamen-
te conferida por los psicodélicos explica supuestamente la *riqueza
e intensidad extra* de la experiencia psicodélica.

Hay múltiples razones por las que esta «hipótesis del cerebro
entrópico» es inverosímil hasta el punto de resultar absurda, de
modo que vamos a abordarlas sistemáticamente, empezando por
la lógica implícita mencionada arriba. La falacia de intentar explicar una experiencia más rica e intensa en función de una mayor
Información reside en que está basada en la fusión de dos defini-
ciones completamente diferentes de la palabra *información*.

La primera definición fue acuñada por Claude Shannon, padre de la teoría de la información, en su artículo fundamental de
1948, «A Mathematical Theory of Communication» (Una teoría
matemática de la comunicación). La idea es que la información
es una medida del grado de «sorpresa» de un mensaje o señal.
Más concretamente, cuantas más posibilidades alternativas eli-
mine un mensaje o señal, más «valor sorpresa» —y, por tanto,
Información— contendrá. Por ejemplo, si un mensaje indicara
simplemente que una persona está casada, solo se eliminaría otra
posibilidad: que sea soltera. En este caso, el grado de «sorpresa»
es solo del 50 por ciento, ya que el mensaje solamente descarta
una de dos posibilidades. Pero si otro mensaje contuviera, por
ejemplo, una imagen de la capa de nubes sobre tu ciudad, se
eliminarían innumerables patrones posibles de nubosidad, y el
nivel de «sorpresa» sería mucho mayor. Por tanto, esa imagen
contendría mucha más Información.

Una forma de poner en práctica esta definición concreta de
la Información es verla desde el punto de vista de la compresión.
Una fotografía —que desempeña el papel de mensaje o señal—
con patrones visuales claros y repetidos es comprimible y, por

tanto, puede almacenarse en un archivo informático más pequeño. Los patrones perceptibles permiten al algoritmo de compresión descartar muchos píxeles de la imagen original, ya que el algoritmo es capaz de reconstruir esos píxeles posteriormente basándose en el conocimiento de los patrones según los cuales aparecieron desde el principio. Por ejemplo, una fotografía de un tablero de ajedrez vacío es sumamente comprimible, debido a que los píxeles en blanco y negro aparecen en él según un patrón sumamente regular, por lo que no es necesario almacenar todos y cada uno de ellos: solo se necesita conocer el patrón de un tablero de ajedrez. Pero una fotografía de interferencias televisivas es mucho menos comprimible, ya que los píxeles en blanco y negro no siguen ningún patrón reconocible. En este caso es necesario almacenar casi todos los píxeles.

La definición de Información de Shannon significa que, cuanto más comprimible es una señal, menos Información contiene, ya que el conocimiento de los patrones asociados reduce el grado de «sorpresa» que tenemos al analizar la señal. Del mismo modo, cuanto menos comprimible es una señal, más Información contiene, ya que nuestra incapacidad para reconocer las pautas subyacentes hace que muchos de sus «píxeles» resulten inesperados y, por tanto, «sorprendentes». Cuando utilizo la palabra *Información* en el sentido de Shannon, la escribo en mayúsculas, como ya he venido haciendo.

Ahora bien, la definición de «Información» de Shannon es sumamente técnica y se creó con fines bien concretos en la ingeniería de comunicaciones: calcular el ancho de banda mínimo que es necesario en un canal de comunicación para transmitir un mensaje tras la compresión. No sustituye —y nunca se pretendió que lo hiciera— el uso *coloquial* del término. En el sentido coloquial, la palabra *información* (esta vez *sin* mayúsculas) significa la cantidad de *contenido semántico* de un mensaje o señal. De este modo, un mensaje o señal tiene mucha información si *significa* mucho. En cambio, un mensaje que no significa nada *no* tiene información.

Lo crucial aquí es que, en un sentido muy importante, *Información* e *información* son términos opuestos. Una señal completamente aleatoria e incomprimible tiene el máximo de Información, pero no contiene información, ya que una señal aleatoria *no significa nada*: no dispone de estructuras o patrones perceptibles que puedan reconocerse y, por tanto, activar asociaciones cognitivas. Las interferencias televisivas poseen casi una cantidad máxima de la Información de Shannon, pero no significan nada y por tanto no contienen información en el sentido coloquial, razón por la cual no nos sentamos en el salón para verlas, sino que preferimos ver programas televisivos, que tienen una gran cantidad de patrones reconocibles —y, por tanto, comprimibles— en forma de objetos, personas y sucesos. Como tal, una señal con mucha información tiene, por definición, numerosos patrones reconocibles, en los que reside su significado. Sin embargo, y precisamente por eso, tiene relativamente poca Información en el sentido de Shannon.

Cuando se afirma que los psicodélicos incrementan la cantidad de Información en el cerebro, los defensores de la «hipótesis del cerebro entrópico» están utilizando la definición técnica de Información de Shannon. Pero cuando se afirma que un aumento en el contenido de información del cerebro explica la riqueza e intensidad de la experiencia psicodélica, solo pueden estar recurriendo a la definición coloquial de información. Por desgracia, ambas denotaciones no solo no son lo mismo, sino que son opuestas. La fusión de los diferentes significados del término *información* por parte de sus partidarios hace que carezca de toda lógica. Parecen aferrarse a la mera palabra sin entender lo que significa en diferentes contextos. El atractivo intuitivo de su hipótesis no es más que un fantasma lingüístico.

De hecho, la Información de Shannon se definió para el ámbito de las *comunicaciones*, como queda claro en el propio título de su importante artículo. Solo en lo relativo a las comunicaciones nos interesa saber cuán comprimible es una señal —es decir, cuánta Información contiene— para evaluar el ancho de banda mínimo que es necesario en un canal de comunicación para transmitir dicha señal. Pero cuando se trata de la actividad cerebral, no se está comunicando nada, no se está transmitiendo nada a través de un canal. La actividad ya surge donde tiene que surgir. De modo que aplicar aquí la definición de Información de Shannon es claramente inapropiado, ingenuo en el mejor de los casos y sin duda engañoso.

Además, cuando un sujeto describe una experiencia psicodélica como rica e intensa, lo que quiere decir es que la experiencia tiene mucho *contenido semántico*; es decir, *significa* mucho para ese sujeto, activando numerosos eslabones asociativos en una reacción cognitiva en cadena. Esta riqueza de significado es evocada por *estructuras y patrones cognitivos reconocibles*, que es lo contrario de la entropía. Al fin y al cabo, una experiencia psicodélica no es aleatoria ni desestructurada. No se parece a las interferencias televisivas. Si lo hiciera, *no* se describiría precisamente como rica o intensa, sino como aburridísima, ya que no hay nada más carente de contenido semántico evocador que las interferencias televisivas. Un «viaje» psicodélico es tan incalculablemente rico e intenso justamente debido a que tiene relativamente poca Información de Shannon, y muchísima información en el sentido coloquial. Una actividad cerebral aleatoria y entrópica es, por tanto, precisamente lo *contrario* de lo que cabría esperar bajo premisas fisicalistas, siempre que, por supuesto, uno entienda realmente la teoría de la información. Cualquier otra cosa sería menos inverosímil como explicación fisicalista de la experiencia psicodélica.

Publiqué esta crítica a la hipótesis del cerebro entrópico (EBH, por sus siglas en inglés) en la página web del Institute of Art and Ideas (IAI), el 21 de junio de 2023, bajo el título «Brain noise doesn't explain consciousness: A psychedelic experience isn't akin to TV static» (El ruido cerebral no explica la conciencia: una experiencia psicodélica no se parece a las interferencias televisivas). El 30 de junio de 2023, el profesor David Nutt —el

miembro más veterano del equipo que propuso originalmente la
EBH— respondió en el mismo lugar con un artículo titulado
«David Nutt: entropy explains consciousness: We don't need
mysticism to explain psychedelic experience» (David Nutt: la
entropía explica la conciencia: no necesitamos el misticismo para
ofrecer una explicación de la experiencia psicodélica). El hecho
más llamativo de su respuesta es que, a pesar del título elegido
por el IAI, *el profesor Nutt ni siquiera pareció intentar defender la
EBH frente a mi crítica*, optando, en su lugar, por señalar otras
explicaciones fisicalistas, más borrosas y aún menos fundamentadas empíricamente, de la experiencia psicodélica (permíteme
ignorar su alusión al misticismo, pues no merece comentario).
Como discutiré en el próximo capítulo, este giro constante hacia
otras explicaciones difusas, cada vez que una explicación concreta recibe una crítica significativa, hace que el fisicalismo sea imposible de precisar y, por tanto, que carezca de sentido. Sea como
fuere, parece que ni siquiera sus propios creadores están dispuestos a defender explícitamente la EBH de las críticas mencionadas
arriba, lo cual supongo que es revelador.

Pero incluso si ignoramos todo este punto y planteamos la hipótesis de que la Información y la información son la misma cosa,
la EBH sigue sin tener pies ni cabeza por otras razones obvias.
He analizado esto hasta la saciedad en escritos anteriores, de
modo que aquí me limitaré a un mero resumen.

Décadas de investigación en la neurociencia de la conciencia
han demostrado la existencia de correlaciones congruentes entre
los patrones de *actividad* cerebral y la experiencia interna que se
comunica. Según el fisicalismo, esto sugiere que la única explicación plausible de la experiencia es la actividad cerebral. Pero si la
EBH fuera correcta, implicaría que, solamente en el caso de los
psicodélicos, algo totalmente distinto debe explicar la experiencia. ¿Cuál es la probabilidad de que haya *dos* mecanismos cerebrales *completamente diferentes* que generen experiencia bajo premisas

fisicalistas? No se puede defender el fisicalismo proponiendo una teoría de la conciencia completamente distinta para cada conjunto de datos diferente, ya que esto sería grotescamente inflacionario y volvería las implicaciones científicas del fisicalismo infalsables hasta el punto de carecer de sentido.

Además, el incremento del *ruido* cerebral —llamado pomposamente «complejidad» y «diversidad» por los partidarios de esta hipótesis, lo que induce al lector ocasional a concluir erróneamente que los psicodélicos inducen una actividad cerebral más «compleja» o «diversa», en el sentido coloquial, cuando es justamente lo contrario— medido durante el estado psicodélico es ridículamente ínfimo: ¡tiene un promedio de 0,005 en una escala que va de 0 a 100! [Véase el artículo «Increased spontaneous MEG signal diversity for psychoactive doses of ketamine, LSD and psilocybin» (Aumento de la diversidad de señales MEG espontáneas con dosis psicoactivas de ketamina, LSD y psilocibina), de Michael M. Schartner *et al.*, publicado el 19 de abril de 2017 en *Scientific Reports*]. La defensa que hacen aquí los partidarios de esta hipótesis es que, por mínimo que sea, el efecto sigue siendo estadísticamente significativo. Pero esto se aparta totalmente de lo esencial: la significación estadística —un umbral arbitrario— solo implica que probablemente el efecto no sea un artefacto de medición o metodológico, pero no dice absolutamente nada sobre la *fuerza* del efecto. Y la fuerza del efecto es clave, ya que los partidarios de esta hipótesis están intentando explicar la alucinante riqueza e intensidad de la experiencia psicodélica —un efecto subjetivo muy, *muy* grande— en función de un efecto fisiológico ridículamente mínimo. Esto pone a prueba su plausibilidad.

De hecho, parece absurdo sugerir que un aumento del 0,005 por ciento en el *ruido* cerebral sorprendentemente explique los viajes imaginarios a otras dimensiones que cambian la vida, las conversaciones con extraterrestres, la comprensión del tejido de la realidad, la naturaleza del yo, la vida, el universo y todo lo demás. Por imaginarias e ilusorias que sean, estas experiencias son reales *como tales*, es decir, *como experiencias*. Por esta razón deben explicarse, según el fisicalismo, en términos de efectos fisiológicos plausiblemente comparables. Sin apelar a la magia, un diminuto incremento del ruido cerebral no es uno de esos efectos fisiológicos.

Por último, el incremento del ruido cerebral observado durante el estado psicodélico es una media estadística. En algunas de las parejas placebo-fármaco estudiadas, el ruido cerebral fue en sentido contrario: *disminuyó*. No obstante, esos sujetos también tuvieron la experiencia psicodélica. Entonces, ¿qué explicación tienen *sus* experiencias según las premisas fisicalistas?

El idealismo analítico da cabida a todas estas observaciones empíricas sin los problemas y contradicciones que entraña el fisicalismo dominante. Según el idealismo, el cerebro y sus patrones de actividad neuronal no son la *causa* de la experiencia interna, sino la *imagen*, la *apariencia extrínseca* de la experiencia interna. En otras palabras, la actividad cerebral es lo que la experiencia interna *parece* cuando se observa desde fuera. Como tal, las correlaciones que se observan habitualmente entre los patrones de actividad cerebral y la experiencia interna se deben al hecho trivial de que la apariencia de un fenómeno se correlaciona con el fenómeno. Y la ruptura de esta correlación observada en el estado psicodélico se debe al hecho de que, a diferencia de una *causa*, la *apariencia* de un fenómeno no tiene por qué ser siempre *completa*, es decir, la apariencia de un fenómeno no tiene por qué revelar siempre todo lo destacado de ese fenómeno. Por ejemplo, si tú te encontraras justo frente a mí, tu apariencia no revelaría tu espalda, lo que hay bajo tu piel, los detalles microscópicos de tu metabolismo, etc., muchas cosas permanecerían ocultas, no reveladas por tu apariencia extrínseca. De la misma manera, la apariencia de la experiencia interna a la que nos referimos como actividad cerebral no siempre es completa: durante el estado psicodélico, deja fuera bastantes cosas sobre el fenómeno del que es una apariencia. Y no hay nada extraordinario ni contraintuitivo en ello.

La EBH es una farsa lingüística. Se trata de una hipótesis ilógica y empíricamente inadecuada. Y debido a que las otras alternativas fisicalistas son aún más confusas y están menos fundamentadas empíricamente, esto deja al fisicalismo dominante sin soporte como una metafísica de la mente viable. Su incapacidad para explicar resultados de laboratorio verificados y sólidos, tanto en física como en neurociencia, revela errores obvios por parte del fisicalista.

Sin embargo, otro error que el fisicalista comete es aceptar una brecha fundamental y gigantesca en el poder explicativo, en el corazón del fisicalismo, como si se tratara de un mero detalle que habrá que resolver más tarde, y no de una contradicción epistémica insoluble. En efecto, el fisicalismo no solo no puede explicar la experiencia psicodélica, sino *ninguna* experiencia. Y puesto que la experiencia es lo único que conocemos en última instancia —todo lo demás son abstracciones teóricas del propio fisicalismo—, en un importante sentido, el fisicalismo no logra explicar *todo lo conocido*. No explica ningún hecho de la naturaleza preteórico, solo las abstracciones creadas por sus propias premisas de una forma circular que presupone la conclusión para demostrar la premisa.

Para ver por qué el fisicalismo no puede explicar la experiencia, fíjate en que no hay nada acerca de los parámetros físicos —es decir, las cantidades y sus relaciones abstractas, tal como vienen dadas, por ejemplo, por ecuaciones matemáticas— en función de lo cual podríamos deducir, *en principio*, las cualidades de la experiencia. Aunque los neurocientíficos conocieran con todo detalle la topología, la estructura de la red, las cargas eléctricas y los tiempos de activación, etc., de mi corteza visual, seguirían sin poder deducir, *en principio*, las cualidades de la experiencia de lo que estoy viendo. Este es el llamado «difícil problema de la conciencia», del que tanto se habla en filosofía.

Es importante entender correctamente esta afirmación. Sabemos empíricamente que existen numerosas correlaciones entre los patrones de actividad cerebral mensurables y la experiencia interna. Por tanto, es justo decir que, en múltiples situaciones, podemos adivinar correctamente qué experiencia está teniendo el sujeto basándonos únicamente en los patrones de actividad cerebral medidos en ese sujeto. Incluso hemos sido capaces de identificar con qué sueñan los sujetos de estudio simplemente leyendo sus estados cerebrales. Sin embargo, estas correlaciones son *puramente empíricas*, es decir, no sabemos *por qué* o *cómo* ciertos patrones específicos de actividad cerebral se correlacionan con ciertas experiencias internas específicas. Solo sabemos que lo hacen, como un hecho empírico bruto. Y si observamos un número suficiente de estos hechos brutos, con el tiempo seremos capaces de extrapolar y empezar a hacer buenas conjeturas sobre lo que la gente está experimentando, basándonos únicamente en la medición de sus estados cerebrales. Nada de esto implica una *comprensión* o *explicación* de lo que sucede, de *cómo* la naturaleza pasa supuestamente de estados cerebrales cuantitativos a estados experienciales cualitativos. Estos hechos brutos son solo *observaciones* empíricas, no explicaciones de nada. No debemos los hechos brutos a *ninguna* teoría o metafísica, ya que son observaciones, no explicaciones. El fisicalismo no merece ningún reconocimiento por unos hechos brutos.

Esto no es una cuestión teórica abstracta, sino algo muy concreto. Podemos saber empíricamente que el patrón de actividad cerebral, digamos, P_1 se correlaciona con la experiencia interna X_1, pero no sabemos *por qué* X_1 viene emparejado con P_1 en lugar de P_2, o P_3, P_4, $P_{lo\ que\ sea}$. Para cualquier experiencia *concreta* X_n —por ejemplo, la experiencia de saborear una fresa— no tenemos forma de deducir qué patrón de actividad cerebral P_n debe asociarse a ella, *a menos que ya hayamos observado empíricamente esa asociación con anterioridad*, y por tanto la conozcamos simplemente como un hecho bruto. Esto significa que no hay nada en P_n en función de lo cual podríamos deducir X_n *en principio*, bajo las premisas fisicalistas. Este es el difícil problema de la conciencia, y es, en sí mismo, un golpe fatal al fisicalismo dominante.

Significa que el fisicalismo no puede explicar *ninguna* experiencia y, por tanto, *nada* en el ámbito del conocimiento humano.

Obsérvese que el difícil problema es un *problema epistémico primordial*, no meramente operativo o contingente. No es susceptible de solución con más exploración y análisis. Fundamentalmente, no hay nada acerca de las *cantidades* según lo cual podríamos deducir *cualidades* en principio. No hay ningún puente lógico entre X milímetros, Y gramos o Z milisegundos, por un lado, y el dulzor de la fresa, la amargura de la decepción o la calidez del amor, por otro; no se puede deducir lógicamente lo segundo de lo primero.

El camino inverso que va de las cualidades a las cantidades es posible *por construcción*, ya que las cantidades se inventaron precisamente como *descripciones relativas de las cualidades*, es decir, descripciones de la *diferencia experiencial* entre, por ejemplo, transportar una maleta de 50 kg y otra de 5 kg de peso (la diferencia experiencial se describe como 45 kg); conducir un coche durante 100 km y durante 1 km (la diferencia experiencial se describe como 99 km); ver azul y ver rojo (la diferencia experiencial se describe como 750 THz – 430 THz = 320 THz).

Pero *el significado de estas descripciones relativas está anclado en las propias cualidades que describen*, que constituyen así su referencia semántica. Expresado de otra forma, el significado de «430 THz» *es* la cualidad sentida de ver el color rojo; el significado de «5 kg» *es* la cualidad sentida de levantar un peso de 5 kg (o la cualidad sentida de ver un peso de 5 kg caer en un fluido viscoso, rebotar en una superficie elástica, colocarse en una báscula y hacer mover su aguja, o cualquier otra experiencia que pueda describirse con 5 kg). Por tanto, no es posible partir de cantidades e intentar generar cualidades a partir de ellas, ya que en este caso la referencia semántica —es decir, las cualidades— se supone que *se deriva de* las cantidades y, por tanto, ya no puede preexistir a ellas. Esto priva a las cantidades de su significado y hace imposible deducir nada de ellas.

Permíteme intentar aclarar esto con una metáfora. Tratar de deducir cualidades solo a partir de cantidades es como intentar extraer el territorio a partir del mapa. Las líneas de un mapa solo tienen sentido en la medida en que apuntan a un territorio anterior al mapa y al que dicho mapa se refiere. Pero si intentamos explicar el territorio en función del mapa, entonces no es posible que el territorio preceda al mapa —ya que ahora se supone que de alguna manera surge del mapa— y, por tanto, las líneas del mapa pierden completamente su significado; ya no se puede deducir nada de ellas (el hecho de que pudieras hacer esta deducción basándote en otros pares mapa-territorio que hayas visto antes trasgrede el espíritu de la analogía; debes, en cambio, preguntarte si podrías deducir un territorio de un mapa si el mapa fuera *la primera y única cosa* que hubieras conocido en tu vida). Esto es exactamente lo que hace el fisicalista cuando intenta explicar cualidades experienciales (el territorio) desde el punto de vista de cantidades físicas (el mapa).

La ausencia fundamental de un puente lógico que conecte las cantidades con las cualidades, causada por el abandono de la referencia semántica que sustentaba el significado de las cantidades para empezar, *constituye* el difícil problema. Las premisas del fisicalismo dominante son tales que, para que las cantidades tengan significado, las cualidades deben preexistir a ellas. Pero cuando el fisicalismo trata de explicar las cualidades en función de cantidades, estas últimas ya no pueden preexistir a las primeras y, por tanto, carecen literalmente de sentido. No se puede deducir nada en principio de cosas sin sentido, y ahí está el difícil problema.

Al tratar de explicar el territorio en función del mapa, los fisicalistas despojan al mapa de su significado y se confunden al no poder explicar ninguna experiencia a partir de él. Luego prometen que un día, cuando se desarrollen nuevas y más avanzadas ediciones del mapa, nuestros descendientes podrán acceder a él y extraer el territorio. Confunden una *contradicción epistémica fundamental* con un problema operativo o contingente.

Permíteme intentar formular esta contradicción epistémica en el corazón del fisicalismo dominante de manera diferente. En última instancia, hablaré del mismo problema empleando otras palabras. A veces hacer esto ayuda a comprender el asunto en cuestión con más profundidad y matices, sobre todo si se entiende por qué ambas formulaciones expresan en realidad lo mismo.

Una primera premisa fisicalista afirma que, en su nivel fundacional, la realidad es no mental, es decir, física en el sentido de que es puramente cuantitativa. Pero dado que el mundo que percibimos a nuestro alrededor está hecho de cualidades mentales —colores, sabores, olores, etc.—, la noción de una realidad no mental es necesariamente una *abstracción conceptual de la mente*. Si la abstracción es correcta o no —es decir, si apunta correctamente a entidades reales no mentales o no— es epistémicamente irrelevante, en el sentido de que la propia abstracción es creada por, y siempre reside en, la actividad mental conceptual.

La siguiente premisa del fisicalismo es que la mente es causada, o generada, por este sustrato no mental abstraído conceptualmente. Desde una perspectiva epistémica, esto significa que el fisicalismo intenta explicar la mente en función de algo que solo puede ser conocido *como una abstracción de la mente*. Y de este modo, el fisicalista termina como un perro que persigue su propia cola: lo material solo puede ser conocido como una abstracción conceptual, por tanto, la mente debe preexistir a ello para que tenga algún significado, pero entonces el fisicalista trata de explicar la mente a partir de lo material, por tanto, esto último debe preexistir a la mente. Por desgracia, no se pueden tener ambas cosas a la vez.

El difícil problema no es en absoluto un problema real ahí fuera en la realidad, un problema que haya que resolver. No es más que una contradicción epistémica interna en la mente alarmantemente confusa del fisicalista. Y esto es todo.

He aquí otra metáfora para intentar aclarar esto. Piensa en un pintor que se está autorretratando. Ahora imagina que, una vez terminado el retrato, el pintor señala el cuadro triunfalmente y declara: «¡Yo soy el retrato!». En ese momento, el pintor se enfrentará al dilema de tener que explicar su propia existencia en función de un patrón de distribución de pigmento sobre el lienzo, lo cual es, por supuesto, imposible: fue el pintor quien aplicó el pigmento al lienzo al principio, por lo que él debe preexistir al patrón. Pero en ese caso el patrón no puede explicar la existencia del pintor.

La mente del fisicalista hace algo parecido: inventa —mediante la abstracción conceptual— la noción de algo no mental, es decir, la materia, la fisicalidad en el sentido estrictamente cuantitativo. Entonces esa misma mente intenta *explicarse a sí misma en función de su propia invención*, igual que el pintor trataba de explicarse a sí mismo en función de su cuadro. El fisicalismo no funciona por la misma razón que el dilema de nuestro pintor es insoluble: hay una contradicción epistémica interna en ambos sistemas de pensamiento, que surge de la autorreferencia o el perro que se muerde la cola. El fisicalista intenta explicar la existencia de la mente mediante un sistema de signos que solo puede tener sentido si la mente preexiste a los propios signos.

He aquí los errores del fisicalismo dominante que hemos discutido: (a) al suponer ingenuamente que la estructura del contenido de la percepción es la estructura de la realidad, el fisicalismo confunde el panel de instrumentos interno con el mundo real exterior, (b) al postular de forma incoherente que las descripciones preceden a la cosa descrita, el fisicalismo intenta desesperadamente extraer el territorio del mapa, (c) al insistir obstinadamente en que las entidades físicas tienen existencia autónoma, el fisicalismo contradice más de 40 años de resultados experimentales repetidos y se permite fantasías que no deberían tener cabida en un diálogo sensato basado en la razón y la evidencia, y (d) al no ver que su incapacidad para explicar la experiencia es una contradicción epistémica interna fundamental en el corazón del fisicalismo, recurre de forma absurda a promesas insostenibles de progreso futuro.

CAPÍTULO 4

¿Cómo sobrevive el fisicalismo?

En EL CAPÍTULO 3 hemos analizado los múltiples errores del proceso de pensamiento subyacente en el fisicalismo dominante. Cualquiera de esos errores, por sí solo, es suficiente para refutar la hipótesis fisicalista. Todos ellos juntos significan que el fisicalismo es la peor hipótesis metafísica que se sigue considerando en serio hoy en día. Lo cual, por supuesto, suscita la siguiente cuestión: ¿cómo es posible que un planteamiento tan erróneo haya gozado de tanta popularidad entre las élites eruditas durante tanto tiempo?

Ya hemos visto las razones principales: los beneficios sociales, políticos y psicológicos del fisicalismo en sus inicios, y después hasta finales del siglo XIX ha acumulado tanto impulso cultural que todavía estamos sintiendo sus efectos hoy en día. El fisicalismo es como un tren pesado que es muy difícil parar, incluso después de que su motor ya se haya apagado. Además, aún hoy existen dinámicas sociales y psicológicas que mantienen parte de ese impulso. La más obvia es que ser fisicalista te ayuda en tu carrera científica, filosófica y empresarial, y te confiere un aura de adulto valiente y maduro que se enfrenta a los hechos difíciles —un universo muerto y carente de sentido—. Esto es bastante obvio y no requiere más comentarios. Pero algunas de las dinámicas que el fisicalismo todavía tiene a su favor son mucho más sutiles, interesantes y a veces incluso difíciles de creer.

Resulta sorprendente, por ejemplo, la cantidad de fisicalistas cultos —muchos de los cuales son miembros del mundo académico y poseen importantes títulos en ciencia y filosofía— que piensan que el fisicalismo es la única hipótesis metafísica congruente con el *realismo* (es decir, la noción de que existe un mundo externo independiente de nuestras mentes individuales, ya sea físico o de otro modo), el *naturalismo* (es decir, la noción de que la naturaleza se desarrolla de forma espontánea, de acuerdo con sus propias disposiciones intrínsecas, en contraposición a las intervenciones caprichosas de una deidad exterior a ella), *el racionalismo* (es decir, la noción de que el intelecto humano puede identificar y construir un modelo teórico sobre las regularidades del comportamiento de la naturaleza, y por tanto predecirlo) y el *reduccionismo* (es decir, la noción de que podemos explicar fenómenos naturales complejos en función de otros más simples). De hecho, piensan que el fisicalismo es *sinónimo* de realismo, naturalismo, racionalismo y reduccionismo, y hoy por hoy siguen creyendo que no hay alternativa racional a él. De modo que, cualesquiera que sean los problemas y defectos que pueda tener, el fisicalismo es la única opción remotamente aceptable a falta de otra mejor, o eso se dice.

Para alguien como tú, que estás leyendo un libro que ofrece precisamente una alternativa racional al fisicalismo, esto puede resultar sorprendente. Sin embargo, es cierto: muchos eruditos son fisicalistas *por mera percepción de falta de alternativas mejores*. Lo sé por experiencia propia. El fisicalismo dominante ha acumulado tanto impulso cultural que muchos dan por sentado que no *puede* existir ninguna alternativa racional. *Por tanto, es inútil buscarla*. Estas personas nunca se molestarán en coger un libro como el que estás leyendo ahora, y de este modo todo se convierte en una profecía autocumplida.

Más de una vez he discutido con eruditos que habían entrado en el debate imaginando —de hecho, más bien *sabiendo*— que de acuerdo con el idealismo se supone que el mundo está dentro de tu cabeza. Pero cuando se dan cuenta en algún momento de los primeros 20 minutos del debate de que estoy defendiendo una postura realista, naturalista, racionalista y reduccionista (lo reduzco todo a un campo de subjetividad, como explicaré más adelante), en lugar de una postura «espiritual», el desconcierto en sus ojos resulta palpable. No sé hasta qué punto es duradero el efecto —por lo que sé, 48 horas después retornan al fisicalismo de forma automática—, pero el momento de la toma de conciencia es claro para cualquier observador atento, y resulta fascinante. Si has visto algunos de mis debates en línea, probablemente sabrás de lo que hablo.

La percepción errónea de que el fisicalismo es la única hipótesis metafísica racional constituye una profecía autocumplida que ayuda a mantener el impulso del fisicalismo tanto en el mundo académico como en la sociedad en general.

Un problema relacionado es que muchas personas —especialmente intelectuales— son inicialmente incapaces de evaluar hipótesis no fisicalistas sin incorporar subrepticiamente en la ecuación supuestos fisicalistas no examinados. No lo hacen con mala intención (nadie se engaña a sabiendas), simplemente no son capaces de mirar las cosas sin las gafas fisicalistas. Están tan acostumbrados a usarlas que se olvidan por completo de que las llevan puestas y, por tanto, confunden el color de las lentes con hechos establecidos.

Por ejemplo: en un debate público que mantuve con la psicóloga Susan Blackmore en 2023, a ella le costaba visiblemente conciliar (a) el hecho empírico de un mundo externo que se comporta de forma regular y predecible con (b) la noción de que este mundo pueda ser mental. A su modo de ver ambas cosas parecían excluirse mutuamente. Creo que, en su mente, todo lo que no sean seres vivos ha de ser no mental, ya que las mentes solo pueden existir en el ámbito de la biología, y algo mental debería comportarse de forma caprichosa, irregular e impredecible, ya que así es como funcionan las mentes biológicas. De modo que ¿cómo podría ser mental el mundo *externo, no biológico*? ¿Cómo podría ser mental la naturaleza, que funciona según «leyes» regulares, sin contradicciones y predecibles? Aunque haya malinterpretado la visión de Susan, estoy seguro de que estas asociaciones instintivas se aplican a un gran número de estudiosos e intelectuales. ¿Y de dónde proceden estas asociaciones instintivas?

Del fisicalismo dominante, naturalmente. Según el fisicalismo, las mentes solo pueden existir dentro de los seres vivos, ya que se supone que son generadas de alguna manera por el metabolismo. Y puesto que las mentes de los seres vivos suelen ser fenómenos bastante complejos, caprichosos y difíciles de predecir en comparación con la naturaleza inanimada, un mundo externo regular y predecible no puede ser mental, o eso se dice. Claro está que valorar alternativas al fisicalismo presuponiendo premisas que solo se sostienen bajo el fisicalismo es un ejemplo de presuponer la conclusión para demostrar la premisa, una falacia lógica obvia de manual.

Los seres vivos muy evolucionados —como los primates superiores, los cetáceos y los paquidermos— han desarrollado funciones mentales superiores complejas como respuesta a los retos del entorno. Tienen estas mentes reactivas y aparentemente impredecibles debido a que evolucionaron dentro de las limitaciones de un ecosistema planetario que exige *adaptabilidad*. Pero si la naturaleza inanimada es mental en esencia —es decir, si el mundo «físico» inanimado no es más que una representación de una mente natural general en nuestro panel de instrumentos interno—, ninguna de estas características debería aplicársele, ya que la mente general no tuvo que evolucionar en un ecosistema planetario, no tuvo que desarrollar funciones mentales superiores como la autoconciencia, la metacognición, la reflexión, etc., ni tuvo que adaptarse a los cambios del entorno. Así pues, es razonable pensar que se trata de una mente comparativamente simple y predecible, una mente espontánea, instintiva y no reflexiva. Y por eso, bajo el idealismo analítico, el comportamiento de la naturaleza es regular y predecible, como el de las formas de vida menos evolucionadas y puramente instintivas. La regularidad del comportamiento de la naturaleza no es, por tanto, en absoluto incompatible con la hipótesis idealista de que la naturaleza es mental (como nota al margen, incluso las mentes humanas son significativamente más regulares y predecibles de lo que imaginan quienes no son psiquiatras ni psicólogos, pero dejaré esta observación fuera de mi exposición para concordar con las percepciones ordinarias sobre el asunto), y tampoco lo es la noción de que la mente pueda existir fuera de los seres vivos, ya que, para el idealismo analítico, las mentes *no* son generadas por el metabolismo y, de hecho, el metabolismo es simplemente la *apariencia* que adoptan algunas mentes cuando se *representan* en un panel de instrumentos cognitivo interno.

El problema es que la mayoría de la gente no se da la oportunidad de seguir ni siquiera el sencillo proceso de reflexión que acabo de explicar. Vivimos en una sociedad en la que el juicio rápido es una ventaja para la supervivencia. Por desgracia, formarse opiniones precipitadas, en este caso, significa presuponer la conclusión para demostrar la premisa, caer en un razonamiento circular, plantear supuestos no examinados inadvertidamente, etc. Y puesto que todas estas suposiciones instintivas serán casi invariablemente suposiciones *fisicalistas*, a ninguna alternativa al fisicalismo se le permite explicar su punto de vista. Como resultado, el fisicalismo se perpetúa. Esta es una de las grandes ventajas que ha tenido a lo largo del siglo XX, y hasta hoy día.

En la cultura popular —e incluso entre intelectuales que no deberían caer en ello— el fisicalismo también recibe reconocimiento por el extraordinario éxito de la ciencia y la tecnología desde la Ilustración, a pesar de que casi no lo merece en ninguno de los dos casos. Al fin y al cabo, el fisicalismo hace afirmaciones sobre lo que *es* la naturaleza —a saber, que se supone que la naturaleza no tiene cualidades intrínsecas y que, en principio, debería poder describirse de forma exhaustiva solo mediante cantidades—, por lo que es una *metafísica*, no una hipótesis científica. Esta última construye un modelo y predice el *comportamiento* de la naturaleza, siendo metodológicamente, a un nivel muy fundamental, agnóstica sobre lo que la naturaleza *es* o *no es*. Todos los experimentos y razonamientos científicos pueden llevarse a cabo, exactamente de la misma manera que hasta ahora, bajo cualquier otra metafísica coherente con el realismo, el naturalismo, el racionalismo y el reduccionismo. Que la ciencia moderna y el materialismo tengan orígenes más o menos concurrentes en la cultura occidental es totalmente —y literalmente— circunstancial, ya que el fisicalismo fue simplemente un movimiento político conveniente en la lucha de la ciencia por sobrevivir contra la Iglesia. Sin embargo, esa coincidencia de orígenes lleva a muchos a creer erróneamente que el fisicalismo sustenta metodológicamente la ciencia moderna.

En el campo de la tecnología esta vulgar falacia es aún más perniciosa. Los tecnólogos, es decir, los ingenieros, una profesión que sigo ejerciendo, con no pocos ordenadores, procesadores y patentes a mi nombre, apenas se preocupan por la verdad en general, y mucho menos por la metafísica. Nosotros —ahora hablo en calidad de tecnólogo— operamos sobre la base de lo que *funciona*, no de lo que en última instancia es cierto o no. Por eso utilizamos modelos de elementos finitos, la óptica de Fourier, la teoría de líneas de transmisión de elementos separados, etc., que sabemos que no son ciertos, pero *funcionan en la práctica*. Nos encantan esas ficciones tan convenientes que funcionan sin complicar demasiado las cosas. Ningún avance tecnológico ha dependido nunca del fisicalismo ni de ningún otro punto de vista metafísico. Pensar que lo han hecho refleja una gran ingenuidad sobre la forma de actuar de los tecnólogos y la mentalidad que tienen al desempeñar su labor.

Sin embargo, la creencia popular de que el fisicalismo permite de algún modo el desarrollo tecnológico y sustenta la ciencia está extraordinariamente extendida. La gente confunde el éxito de la ciencia y la tecnología con el éxito del fisicalismo. De este modo, cuantos más éxitos científicos y tecnológicos cosechamos, más impulso recibe el fisicalismo, incluso hoy en día. Esta es otra dinámica psicológica que beneficia al fisicalismo de forma continua.

Pero el factor más importante que el fisicalismo tiene a su favor en la actualidad, por contraintuitivo que pueda parecer al principio, es probablemente su *incompletitud* y *vaguedad*. En un mundo cuerdo, esto sería una razón suficiente para abandonar esta metafísica, pero en el nuestro, esa incompletitud y vaguedad hacen que sea imposible para los críticos identificar afirmaciones fisicalistas específicas y refutarlas, ya que las afirmaciones que hace el fisicalismo son casi siempre objetivos borrosos, móviles y escurridizos.

Aunque el fisicalismo es una metafísica (*no* una teoría científica), en la medida en que sostiene que el cerebro genera la mente, *implica* una hipótesis científica: a saber, que el comportamiento del cerebro modula causalmente el comportamiento de la mente según algún mecanismo reconocible. Se aplican de este modo todos los criterios científicos: la hipótesis debe formularse explícitamente, debe hacer predicciones comprobables y, en última instancia, debe ser falsable mediante experimentos. Una formulación explícita de la hipótesis especificará *cómo* los estados cerebrales modulan los estados mentales. Las predicciones comprobables y, en última instancia, falsables especificarán qué resultados cabe esperar de los sujetos cuando se observen —o incluso se induzcan— determinados patrones de actividad metabólica en su cerebro.

La especificidad es el requisito clave aquí. Aunque —como hemos visto en el capítulo anterior— el fisicalismo no puede determinar fundamentalmente *cómo* la función cerebral genera supuestamente la experiencia, debería al menos especificar qué aspectos del metabolismo cerebral son *relevantes* para la experiencia o se *correlacionan* con ella, de forma congruente, y explicar por qué. Esto es lo mínimo que se requiere de cualquier teoría metafísica que tenga una implicación neurocientífica tan importante. Si no consigue ni eso entonces serán más afirmaciones vagas sin fundamento que una teoría metafísica.

Pero el fisicalismo no ofrece tal especificidad. En la actualidad, *cualquier* nivel de actividad cerebral, de *cualquier* tipo, que se desarrolle según *cualquier* patrón, *en cualquier parte* del cerebro, medido o inferido razonablemente, puede ser considerado como la base física de la experiencia, dependiendo del conjunto de datos que se esté observando. Si *una* neurona *puede* estar activándose *en algún lugar*, ¡listo!, tu experiencia cercana a la muerte bajo parada cardiaca tiene una explicación fisicalista. De hecho, los neurocientíficos fisicalistas han propuesto una multitud de explicaciones causales de la conciencia diferentes y mutuamente excluyentes para hacer frente a distintos conjuntos de pruebas clínicas y experimentales. A un nivel muy genérico, la mayoría de ellos afirma que la experiencia se correlaciona vagamente con las activaciones neuronales, pero dado que esto se contradice claramente con nueva evidencia significativa, siguen apareciendo explicaciones alternativas para abordar las «anomalías». El problema es que estas explicaciones se excluyen mutuamente. No todas pueden ser correctas y, por tanto, la totalidad de la evidencia nunca podrá explicarse satisfactoriamente según las premisas fisicalistas.

Por ejemplo, puesto que ahora se sabe que los trances psicodélicos se caracterizan por una actividad cerebral *reducida* —mientras que la riqueza y la intensidad de la experiencia es descomunal—, los neurocientíficos que trabajan con psicodélicos han propuesto que la experiencia se correlaciona con el acoplamiento funcional o la variabilidad de la actividad o —mi favorito por su pura ridiculez— un mínimo aumento del ruido cerebral, etc.,

pero no con la actividad cerebral directa. Otro grupo de neurocientíficos, que trabaja con sujetos en estados de conciencia nor-
males, equipara la experiencia que se comunica con ciertas topo-
logías de integración de la información en el cerebro, por lo que
tampoco se trata de actividad pura. Otros sostienen que la experiencia surge de la comunicación bidireccional entre zonas cerebrales inferiores y superiores. Y todo esto es solo el principio. Si
buscas en Internet «teorías de la conciencia» te sorprenderás de
la cantidad de hipótesis fisicalistas diferentes y mutuamente excluyentes que se debaten en las principales publicaciones académicas. Casi ninguna de estas hipótesis puede ser nunca definiti-
vamente falsada, precisamente porque todas son sumamente
difusas y, por tanto, nunca se completan.

Muchas de las explicaciones fisicalistas de la conciencia no
solo son imprecisas y borrosas, sino también inestables: cambian
constantemente, a menudo de una publicación a otra, incluso
dentro de un mismo equipo. El equipo de investigación psicodélica del Imperial College de Londres, por ejemplo, en el transcurso de solo diez años, ha sugerido al menos tres o cuatro teorías
completamente diferentes sobre cómo explicar la experiencia en
el estado psicodélico, todas ellas mutuamente excluyentes. Lo
mismo puede decirse de las explicaciones fisicalistas provisiona-
les de, por ejemplo, la memoria: están literalmente por todas
partes, algunas afirman que la memoria se almacena dentro de
estructuras neuronales, otras a través de redes neuronales, en diferentes áreas del cerebro, operando según diferentes mecanismos de recuerdo, etc. Esto es estupendo para generar una lista
interminable de temas para publicaciones, programas de docto-
rado, financiación, plazas vacantes, etc., pero no es propicio para
el progreso científico real en el sentido de que se basa por completo en una *premisa metafísica* (falsa).

Así pues, si a los neurocientíficos metafísicamente neutrales
se les pidiera que intentaran falsar el fisicalismo sobre una base
puramente neurocientífica —no filosófica ni física, pues esto ya

lo hemos conseguido en el capítulo 3—, primero tendrían que preguntarse: ¿qué hipótesis fisicalista necesitamos probar? ¿Qué hipótesis habla en nombre del fisicalismo? E incluso si pudieran determinar cuál es, lo más probable es que la hipótesis en sí fuera tan difusa y ambigua que no se podrían idear pruebas específicas para precisarla.

Como tal, la incompletitud y vaguedad del fisicalismo hacen que sus implicaciones neurocientíficas sean prácticamente *infalsables*. Es increíble que justamente al *no* explicar cómo el cerebro supuestamente genera la mente, la afirmación de que el cerebro *de* algún modo crea la mente alcanza una forma de inmunidad experimental. En efecto, el hecho de que el fisicalismo no explique nada en neurociencia es precisamente —y con razón— una de sus principales fortalezas culturales. Mantiene la puerta abierta a una interminable procesión de hipótesis ambiguas y a menudo incoherentes —con lo que obtiene una gran cantidad de dinero de los contribuyentes durante el proceso—, evitando constantemente un enfrentamiento final que podría acarrear una resolución.

Otro aspecto sutil y quizá inesperado que el fisicalismo tiene a su favor, cuando se trata de su popularidad entre la población general, es la *ignorancia*. Sí, ignorancia de lo que el fisicalismo significa, conlleva e implica. Muchas personas que se identifican casualmente como fisicalistas —o «materialistas», el término popular más coloquial— carecen a menudo de una comprensión siquiera básica de lo que ello significa. Creen que, según el fisicalismo, lo que hay dentro de su cabeza son solo sus pensamientos, emociones, fantasías, etc. —es decir, sus estados mentales endógenos—, pero *no* el contenido de su percepción. Piensan que los colores que ven, los sabores y olores que perciben, etc., *están realmente en el mundo*. Piensan que el mundo, tal como es en sí mismo, está hecho de las cualidades de su percepción. Pero esto no es en absoluto lo que afirma el fisicalismo dominante.

De acuerdo con el fisicalismo, los colores que ves, los sabores que degustas, los olores y texturas que sientes, las melodías que oyes, *todo está dentro de tu cráneo* porque, como cualidades de la experiencia, son supuestamente generadas por tu cerebro. Hay cosas ahí fuera que *corresponden* a esas cualidades perceptivas, pero no son las cualidades que percibes. Esas cosas de ahí fuera son puramente abstractas y ni siquiera pueden visualizarse. Lo mejor que puedes hacer para imaginar lo que es el mundo exterior, según el fisicalismo, es pensar en él como números incorpóreos y ecuaciones matemáticas que flotan en el vacío e incluso esto es demasiado concreto.

Según la visión del fisicalismo, el mundo constituido por los contenidos de tu percepción está enteramente dentro de tu cabeza. La verdadera superficie interna de tu cráneo está más allá de las paredes que ves a tu alrededor, más allá incluso del cielo que contemplas sobre tu cabeza, en la medida en que por «cielo» entendemos un conjunto de cualidades experienciales (un espacio azul con esponjosas nubes blancas, etc.). Si realmente puedes entender esto, te darás cuenta de que una crítica vulgar pero muy popular al idealismo —a saber, que en el idealismo el mundo que vemos a nuestro alrededor está dentro de nuestra cabeza— es aplicable de hecho *solo al fisicalismo*.

Pero ¿qué hay del idealismo analítico? ¿Sigue al fisicalismo dominante al afirmar que el contenido de la percepción está dentro de nuestra cabeza? No, en absoluto. El idealismo analítico sí dice que el contenido de la percepción, por ser representaciones cognitivas del mundo real exterior, está dentro de nuestra *mente individual,* pero no de nuestra *cabeza.* Se trata de una gran diferencia, que, sin embargo, puede requerir algunas aclaraciones.

De acuerdo con el fisicalismo, tu cabeza física es algo real, un objeto real del mundo real. Por tanto, puede contener otras cosas. De este modo, afirma que el contenido de tu percepción está en tu cabeza. Pero, para el idealismo, el mundo «físico» no es el mundo real, sino una *representación cognitiva de él.* Ahora bien, tu cabeza forma parte de este mundo «físico». Por tanto, también es una representación cognitiva, no una cosa real que pueda contener otras cosas. Tu cabeza, tal y como la percibes, es un icono en el escritorio del ordenador, una indicación de un dispositivo de medición en un panel de instrumentos, no una cosa real. Así pues, tu cabeza no contiene tu actividad mental, sino que es *una representación de ella*. Por eso, bajo el idealismo analítico, el contenido de la percepción *no* está dentro de tu cabeza.

Usemos de nuevo una metáfora para aclarar este punto. Imaginemos que mantenemos una videollamada por Internet. Aunque tú te encuentras en tu domicilio y yo en el mío, estás viendo mi cabeza en la pantalla del teléfono. Bueno, no exactamente: ves *una imagen de* mi cabeza en la pantalla, una *representación* de mi cabeza en forma de píxeles de colores. ¿Dirías entonces que esta imagen de mi cabeza contiene mis pensamientos? Por supuesto que no, los píxeles no contienen pensamientos. Las imágenes son meras representaciones, no recipientes. Lo mejor que podría decirse es que la imagen *representa* en cierto sentido mis pensamientos o está *correlacionada con* ellos de alguna manera (por ejemplo, a través de mis expresiones faciales representadas en la pantalla del teléfono).

Exactamente del mismo modo, bajo el idealismo analítico mi cabeza real —la entidad «física» que podrías ver y tocar si estuvieras delante de mí— no es más que una imagen, una representación de mi mente individual, una serie de píxeles. En otras palabras, mi cabeza forma parte de lo que mi mente *parece* cuando la mides y luego la representas en tu panel de instrumentos interno. Como entidad «física», mi cabeza no contiene mis pensamientos, sino que forma parte de cómo aparecen mis pensamientos —y el resto de mi vida mental interna— cuando se representan en un panel de instrumentos. ¿Ves la diferencia? Las representaciones no contienen nada, por la misma razón que los píxeles que representan mi cabeza en la pantalla del teléfono no contienen mis pensamientos. Las representaciones solamente, bueno, *representan* cosas. Que mi cabeza esté hecha de átomos diminutos o partículas subatómicas elementales solo significa que esas representaciones «físicas» están, en última instancia, también pixeladas, igual que lo está una imagen en la pantalla de tu teléfono.

Por tanto, de acuerdo con el idealismo analítico, tu cabeza *no* contiene el mundo de tus percepciones, es el mundo de tus percepciones el que contiene tu cabeza, en la medida en que tu cabeza es una entidad percibida. Y esto es, de hecho, exactamente lo que nos dice nuestra intuición natural: nuestras cabezas están en el mundo «físico», no el mundo «físico» en nuestras cabezas. Es tan obvio que resulta casi embarazoso.

De este modo, sorprendentemente, los fisicalistas aficionados atribuyen al idealismo precisamente uno de los aspectos más contraintuitivos *de su propia metafísica* (a saber, que el mundo de la percepción está dentro de nuestra cabeza), mientras que atribuyen al fisicalismo uno de los aspectos más intuitivos del idealismo (a saber, que el mundo de la percepción *no* está dentro de nuestra cabeza, sino nuestra cabeza en el mundo de la percepción). Se trata de un irónico juego cultural engañoso.

Lo expuesto anteriormente es una pequeña digresión, en el sentido de que todavía tengo que elaborar mucho más cuidadosamente qué es el idealismo analítico, cuáles son sus implicaciones, por qué deberías tomártelo en serio, etc. A esto dedicaremos los capítulos posteriores. Pero estoy ofreciendo deliberadamente pistas y descripciones parciales del idealismo analítico mientras avanzamos por dos razones: en primer lugar, para que vayas familiarizándote poco a poco con una perspectiva diferente, una forma distinta de pensar sobre la realidad, y en segundo lugar, para establecer de inmediato contrastes entre el fisicalismo dominante y el idealismo, con el fin de destacar constantemente la importancia de mostrar una actitud crítica con la metafísica en general, y con el fisicalismo en particular.

Hay una cosa más que el fisicalismo dominante tiene a su favor que resulta especialmente perniciosa: el sesgo de los medios de comunicación principales, en concreto de los científicos. No estoy sugiriendo conspiraciones de ningún tipo y no creo que haya ninguna (francamente, no me parece que los implicados sean lo bastante astutos como para lograr algo así). Lo que ocurre es mucho más banal: la característica inseguridad humana, la pereza, el oportunismo, el arribismo, la falta de ética y, por supuesto, la estupidez.

Como he mencionado anteriormente, la investigación ha demostrado sistemáticamente —durante más de una década, con resultados reproducidos por numerosos grupos de investigación diferentes, usando diversas sustancias psicodélicas y equipos de imagen médica— que los psicodélicos solo *reducen* la actividad cerebral, no incrementándola en ninguna parte del cerebro más allá de los márgenes de error de medición. He expuesto y documentado esto hasta la saciedad en múltiples publicaciones, como en el artículo que escribí con el profesor Edward F. Kelly aparecido en *Scientific American*, titulado «Misreporting and Confirmation Bias in Psychedelic Research» (Información errónea y sesgo de confirmación en la investigación psicodélica) (2018), así como en el capítulo 27 de mi anterior libro, *Pensar la ciencia* (2021).

Pero si leyeras un reportaje publicado en la CNN el 13 de abril de 2016 —titulado «This is your brain on LSD, literally» (Este es tu cerebro bajo los efectos del LSD, literalmente), cuyo autor es el periodista James Griffiths— habrías encontrado la siguiente afirmación: «Las imágenes del cerebro bajo un estado alucinógeno mostraban casi todo el órgano *iluminado con actividad* [...]. La corteza visual se volvió *mucho más activa* con el resto del cerebro» (la cursiva es mía). Sin embargo, el artículo científico del que trata este reportaje, titulado «Neural correlates of the LSD experience revealed by multimodal neuroimaging» (Correlatos neuronales de la experiencia con LSD revelados por neuroimagen multimodal), de Robin Carhart-Harris *et al.*, no afirmaba tal cosa. No solo eso, sino que mostraba *precisamente lo contrario*: que la actividad cerebral *disminuye por todo el cerebro* y *en todas las bandas de frecuencia* en el estado psicodélico inducido por LSD. ¿Cómo es posible que los medios científicos digan *precisamente lo contrario* de lo que ha descubierto el estudio?

Una ilustración clave de este reportaje científico muestra un cerebro con regiones resaltadas en amarillo, naranja y rojo. Pero lo que esos colores significan es un aumento de la *conectividad funcional en estado de reposo* (RSFC, por sus siglas en inglés) en todas las áreas cerebrales en el estado psicodélico. En otras palabras, la actividad cerebral se reduce en todo el cerebro con el LSD, *pero la actividad residual muestra una correlación relativamente mayor en diferentes áreas del cerebro*. Sin embargo, parece que el periodista que escribió el artículo sobre el estudio no leyó los pies de fotos y, por tanto, informó de lo que *creía* estar viendo, que resulta ser precisamente lo *contrario* de lo descubierto en el estudio. He solicitado públicamente en múltiples ocasiones que se corrija este texto, no solo a la *CNN*, sino también a los autores de la investigación, que creo que tienen la responsabilidad ética de al menos intentar corregir las tergiversaciones de su trabajo por parte de los medios de comunicación. Sin embargo, mientras escribo estas palabras, casi exactamente siete años después, este reportaje terriblemente incorrecto todavía puede encontrarse en el sitio web de la *CNN*.

Pero esto es solo el principio. Al informar sobre ese mismo estudio, el periódico británico *The Guardian* —en un reportaje titulado «LSD's impact on the brain revealed in groundbreaking images» (El impacto del LSD en el cerebro revelado en imágenes revolucionarias), escrito por Ian Sample, editor científico de *The Guardian*, el 11 de abril de 2016— reprodujo una versión de la misma imagen en cuestión, pero con un giro: se eliminaron todas las referencias a la RSFC que explicaban el *significado* de la imagen. En su lugar, *The Guardian* añadió el siguiente pie de foto: «Una segunda imagen muestra diferentes secciones del cerebro, bien con placebo, bien bajo la influencia del LSD (gran abundancia de naranja)». Como lector, *no puedes* saber el significado de «gran abundancia de naranja», a menos que se haya reproducido el pie de foto original o se haya sustituido por algún texto. Y cuando ves un cerebro bajo los efectos del LSD representado con «una mayor abundancia de naranja» que un cerebro bajo los efectos del placebo, estás obligado a concluir que el LSD ilumina el cerebro como un árbol de Navidad. Sin embargo, lo que se descubrió fue en realidad lo contrario.

De hecho, el reportaje de la *CNN* reproduce exactamente la misma foto, editada de la misma manera, para eliminar las referencias a la RSFC. Tanto la *CNN* como *The Guardian* citan al Imperial College de Londres como fuente de la imagen. Me resulta imposible determinar qué parte editó realmente el original para eliminar las referencias. Pero si la institución científica en cuestión es responsable de la, bueno, «simplificación» de la foto, estaría siendo injusto con los medios de comunicación y el problema sería mucho más alarmante de lo que pensaba al principio. Sea como fuere, en el momento de escribir estas líneas ambos reportajes siguen en línea.

Dos años antes, el mismo grupo del Imperial College de Londres había publicado otro artículo sobre la neurociencia del estado psicodélico: «Enhanced repertoire of brain dynamical states during the psychedelic experience» (Mayor variedad de estados cerebrales dinámicos durante la experiencia psicodélica), de Enzo Tagliazucchi *et al.* (2014). Ese estudio descubrió que, en el estado psicodélico, la *variabilidad* de la actividad cerebral aumenta en las áreas relacionadas con los sueños. Expresado de otra forma, aunque la actividad cerebral *disminuye* en el estado psicodélico —lo que muchos otros estudios han demostrado hasta la saciedad—, la actividad *residual* se modifica más. La diferencia entre actividad y *variabilidad* de la actividad es totalmente análoga a la que existe entre velocidad y aceleración: la segunda deriva de la primera, pero *no* son lo mismo.

Para obtener este resultado, el estudio realizó un análisis espectral de potencia de la señal de actividad cerebral leída por tecnología de imagen cerebral. Técnicamente, decimos que tal análisis se produce en el *dominio* de la *frecuencia*. Y dado que no preserva la información de fase, no se pueden transponer las conclusiones al *dominio temporal*. Dicho de un modo menos técnico, el estudio no permitía hacer afirmaciones sobre la *amplitud* de la señal de actividad cerebral en el tiempo, que de otro modo podrían haber mostrado cuánta actividad cerebral había. Lo que el estudio podía mostrar es si esa actividad —por alta o baja que fuera— *varía* más con los psicodélicos. Me tomo la molestia de mencionar explícitamente las cuestiones técnicas porque quiero que sepas que, como ingeniero electrónico, entiendo muy bien la ciencia del procesamiento de señales que hay detrás del estudio. Es algo bastante sencillo para cualquiera que haya estudiado comunicaciones electrónicas.

Sin embargo, varios medios de comunicación informaron sobre este estudio afirmando que había descubierto un *incremento* de la *actividad* cerebral en las zonas del cerebro relacionadas con los sueños en el estado psicodélico. Por ejemplo, el *Washington Post* —en un reportaje titulado «Psychedelic mushrooms put your brain in a "waking dream" study finds» (Las setas psicodélicas ponen el cerebro en un estado de «sueño despierto» según un estudio), de la periodista Rachel Feltman, el 3 de julio de 2014, afirmó: «Después de las inyecciones, se descubrió que los 15 participantes presentaban un *incremento* de la *función cerebral* en áreas asociadas con la emoción y la memoria» (la cursiva es mía). Después se incluía un extracto de una entrevista realizada a la coautora del estudio (!) Robin Carhart-Harris: «Estas áreas [relacionadas con los sueños] se vuelven *más* ruidosas y *más activas*» (la cursiva es mía). Y también: «Es como si alguien hubiera *subido el volumen* en estas regiones que se consideran parte de un sistema emocional en el cerebro. Cuando se examina un cerebro durante el sueño con sueños se observan los mismos centros emocionales *hiperactivos*» (la cursiva es mía). Pero el artículo científico no menciona nada de eso. Solo dice que *la variabilidad* de la actividad aumenta en las zonas del cerebro relacionadas con los sueños, no la actividad *per se*; la metodología del estudio hace estructuralmente imposible extraer conclusiones sobre esta última.

De inmediato envié un correo electrónico a los autores del artículo pidiendo aclaraciones. En un correo electrónico privado, el primer autor, Enzo Tagliazucchi, me confirmó por escrito que yo tenía razón. Durante esta comunicación, Carhart-Harris reconoció que, efectivamente, había malinterpretado las conclusiones del estudio. Me parece plausible, ya que Carhart-Harris no parece tener formación en procesamiento de señales y las cuestiones técnicas implicadas pueden resultar complicadas para un profano. No obstante, esperaba que tanto él como Tagliazucchi corrigieran el error con prontitud, ya que las afirmaciones incorrectas ocupaban un lugar destacado en los medios de comunicación y la integridad científica exigía una acción decisiva. Pero nunca se ha realizado tal corrección, a pesar de que la he solicitado públicamente en repetidas ocasiones a lo largo de los años.

No solo eso, Carhart-Harris escribió un ensayo de divulgación científica en el blog de ciencia *The Conversation*, donde insiste en el error: «la psilocibina aumentó la *amplitud* (o «*volumen*») de la actividad en regiones del cerebro que se activan de forma fiable durante el sueño» (la cursiva es mía), escribió. Esto es absolutamente falso: la amplitud solo puede determinarse en un análisis en el dominio temporal, no a partir de un análisis espectral de potencia carente de la información de fase (técnicamente, sin la información de fase no se puede saber si los componentes de frecuencia interfieren constructiva o destructivamente entre sí en el dominio temporal). Mientras escribo estas palabras, en 2023, todavía podía encontrarse esta cita en su ensayo «Magic mushrooms expand your mind and amplify your brain's dreaming areas – here's how» (Las setas mágicas expanden la mente y amplifican las áreas del cerebro asociadas a los sueños: así es como sucede), publicado el 3 de julio de 2014.

Él ha argumentado por correo electrónico que la palabra *actividad* es ambigua y, por tanto, podría interpretarse como *variabilidad* de la actividad. Creo que esto es descaradamente falso e insistir en ello es, como mínimo, irresponsable y gratuitamente engañoso, pues cualquier lector culto interpretará *actividad* como, bueno, «actividad». Además, más adelante en el mismo ensayo, Carhart-Harris sí utiliza la palabra *actividad* en el sentido correcto y normal: «Nuestro primer estudio, publicado en *Proceedings of the National Academy of Sciences* en 2012, reveló disminuciones en la *actividad* cerebral tras la inyección de psilocibina» (la cursiva es mía). Lo que muestra el artículo citado es una reducción propiamente dicha de la *actividad*, no una variabilidad de esta. Por tanto, me sigue resultando desconcertante que, casi una década después, ninguno de estos errores —incluidos los de un ensayo escrito por el propio Carhart-Harris— haya sido corregido.

Pero la historia no acaba ahí. Unos años más tarde, en un intercambio en las redes sociales en el que una vez más pedí públicamente a los autores que rectificaran, Enzo Tagliazucchi afirmó que fui *yo* quien malinterpretó las implicaciones de su análisis de las señales, al confundir las conclusiones en el dominio de la frecuencia con las del dominio del tiempo. Escribió en X, por aquel entonces llamado Twitter: «Mantuvimos hace tiempo la misma discusión cuando confundiste los cambios en los niveles de actividad BOLD con los cambios en la variabilidad BOLD» (este tuit, publicado a las 18:26 CET del 27 de octubre de 2018, sigue en línea en el momento de escribir este artículo). Sorprendentemente, Tagliazucchi me acusaba *a mí* del mismísimo error que su coautor Carhart-Harris había cometido con los medios de comunicación, ¡y que *yo* les había señalado cuatro años antes! Esto me impulsó a publicar de inmediato el registro completo de la correspondencia que habíamos mantenido sobre el tema en mi blog personal, bajo el título «Setting the record straight with Robin Carhart-Harris

and Enzo Tagliazucchi» (Aclarar las cosas con Robin Carhart-Harris y Enzo Tagliazucchi) el 28 de octubre de 2018.

No creo que hubiera malicia en ninguno de los errores origi-
nales (aunque me reservo mi opinión sobre la continua falta de
voluntad de las personas en cuestión para corregir públicamente
esos errores). Creo que Carhart-Harris malinterpretó sinceramente el análisis de señales que su propio colega había realizado
y comunicado. También creo que Tagliazucchi recordó de veras
incorrectamente quién se había confundido sobre qué. Sin embargo, ¿cómo además de no recordar algo tan sencillo *invirtió* los
hechos? ¿Cómo pudo Carhart-Harris comunicar a los principales medios de comunicación, con evidente confianza y autoridad,
algo que no había entendido en absoluto —porque carece de la
formación necesaria— y en lo que no debería haber caído? He
aquí la respuesta: puesto que el fisicalismo *tiene que estar en lo
cierto* —todos sabemos que lo está, ¿verdad?—, *tiene* que ser verdad que la actividad cerebral se incrementó en las áreas relacionadas con los sueños, ya que esto es *exactamente* lo que los fisicalistas habrían esperado ver, debido a las similitudes entre los
estados psicodélicos y los estados oníricos. El hecho de que la
metodología del estudio *no pueda* —y nunca pretendió— medir
la amplitud de la actividad cerebral representó un papel menor
de facto frente a tan poderosos prejuicios teóricos. Además, dado
que los no fisicalistas siempre se equivocan —es bien sabido, ¿no
es así?—, debió ser Bernardo Kastrup quien se confundiera sobre
la metodología cuatro años antes, y no un fisicalista coautor del
propio estudio en cuestión.

En el campo de la ciencia esto se denomina «sesgo de confirmación», y este caso es, en mi opinión, un ejemplo impresionan-
te de ello defendido de forma grotesca. Por eso me ha parecido
que merecía la pena relatarlo en detalle: concreta en grado sumo
la noción, por lo demás abstracta, del sesgo de confirmación, que
cobra vida en toda su crudeza. Si no te hubiera contado estos
hechos concretos de la vida real, podrías haberte quedado con la

impresión de que mis afirmaciones sobre el sesgo de confirmación son meramente imprecisas, genéricas, sin fundamento y quizá incluso sesgadas en sí mismas. Pero con *ejemplos* concretos tomados de la vida real como los anteriores, espero haber podido mostrarte la alarmante realidad del sesgo de confirmación.

En términos más generales, el sesgo de confirmación significa lo siguiente: cuando esperas determinados resultados o conclusiones con una gran confianza no examinada ni crítica, verás —y, por tanto, transmitirás— lo que esperas ver, con independencia de lo que tengas realmente delante de los ojos. También diseñarás tus experimentos para encontrar lo que esperas encontrar, en lugar de lo que hay que encontrar. Por último, realizarás análisis estadísticos para destacar lo que esperas que ocurra excluyendo efectos más significativos que consideras imposibles *a priori*. Puede que incluso interpretes en tus resultados —y después lo comuniques a la prensa— lo que crees que deberían implicar, en lugar de lo que realmente implican. Y una vez que te ves atrapado públicamente en esta telaraña, resulta difícil desenredarse sin dañar tu reputación y tu carrera. La única opción percibida es la de redoblar la apuesta. Por tanto, los errores se perpetúan; nadie corrige nada y uno simplemente se esconde detrás de juegos del lenguaje precarios y lamentables, como el que la noción de que la palabra *actividad* es tan ambigua como para significar variabilidad o conectividad funcional o entropía o cualquier otra cosa que hayas observado que aumenta en el cerebro bajo los efectos de los psicodélicos. Con el pretexto de hacer las cosas «más simples y fáciles para los periodistas científicos con atrofia intelectual», se omiten detalles cruciales en los materiales de prensa, lo que permite que un resultado que *contradice* claramente las expectativas fisicalistas sea malinterpretado —y luego mal comunicado— para *corroborar* estas expectativas. Este es el mundo en el que vivimos. El sesgo de confirmación introducido en la ciencia por la metafísica del fisicalismo es probablemente el más poderoso que jamás haya habido.

No quisiera transmitirte la impresión de que el problema está localizado y contenido. Así que te ofreceré otro ejemplo. En un artículo científico de 2014 titulado «Homological scaffolds of brain functional networks» (Andamiajes homológicos de redes funcionales cerebrales), de G. Petri *et al.*, los investigadores intentaron ilustrar cómo las correlaciones entre la actividad residual en diferentes áreas cerebrales aumentan con los psicodélicos (aunque la propia actividad disminuya). Para ello, utilizaron gráficos con nodos enlazados, con los diferentes nodos representando distintas áreas cerebrales y los enlaces representando las correlaciones entre las respectivas áreas. A continuación, aplicaron umbrales de correlación *sucesivamente más bajos* para dibujar los enlaces, hasta que suficientes enlaces —lo que quiera decir «suficientes» en este caso— fueran visibles en el gráfico. Esto, por supuesto, creó la apariencia posiblemente artificial y engañosa de que el cerebro muestra un aumento espectacular de la conectividad global bajo el efecto de los psicodélicos.

Para ser justos con los investigadores, en el artículo científico advierten que los gráficos no son más que «diagramas simplificados», animando a la cautela en su interpretación. Sin embargo, estos mismos gráficos fueron utilizados posteriormente, *sin tal calificación*, por el respetado periodista Michael Pollan en su libro *Cómo cambiar tu mente* (Penguin, 2018) como la principal «evidencia» para una interpretación fisicalista de los resultados. De forma desconcertante, Pollan apenas menciona las mediciones mucho más impresionantes y directas de la reducción de la actividad cerebral mostrada en múltiples otros estudios. ¿En cuántos otros libros de divulgación científica, reportajes periodísticos y ensayos de revistas crees que pueden encontrarse sesgos de confirmación como este? ¿Y cuántos de ellos pasan por material científico perfectamente bueno y fiable?

El problema aquí no es teórico ni abstracto, es cada vez más concreto y alarmante a medida que pasamos de los motores de búsqueda de Internet a las consultas a IA como el chatbot ChatGPT de OpenAI. De hecho, tradicionalmente, cuando usábamos Internet para encontrar respuesta a alguna pregunta, lo hacíamos a través de motores de búsqueda como Google. Sabíamos que muchos resultados de esas búsquedas eran cuestionables, poco fiables o incluso directamente maliciosos, y por eso procedíamos con cautela. *Asumíamos la responsabilidad* de encontrar la respuesta correcta, porque sabíamos que lograrlo dependía de la calidad de la búsqueda y nuestra capacidad de evaluar los resultados de forma crítica. No esperábamos que Google nos ofreciera siempre una respuesta veraz, pues teníamos claro que eso no era posible.

Pero al empezar a abandonar los motores de búsqueda y plantear, en su lugar, preguntas a los chatbots de IA en lenguaje natural, nuestra psicología nos lleva a creer las respuestas generadas por el chatbot como si fueran verdades pronunciadas por un oráculo omnisciente que entiende lo que está diciendo. La razón es que ya no vemos los resultados de los motores de búsqueda, ya no vemos las *fuentes* de la información que se transmite. En su lugar, vemos una respuesta de tipo humano en la pantalla, como si un profesor con autoridad estuviera aclarando la cuestión verbalmente. Y como a menudo esa respuesta es cierta, poco a poco bajamos la guardia y confiamos en *todas* las respuestas acríticamente. Es algo parecido a lo que nos ocurre cuando vamos confiando poco a poco en el *software* de conducción autónoma, aunque al principio nos dé miedo soltar el volante. El resultado es que perdemos nuestra capacidad de ser críticos con las respuestas y empezamos a creer en un material falaz e incluso malintencionado.

Esto está vinculado con lo mencionado anteriormente sobre la parcialidad de los medios de comunicación: los chatbots de IA recopilan la información que te proporcionan rastreando Internet. Consultan artículos de revistas, blogs, nuevos reportajes, etc., para encontrar la información que buscas. Y cuando esas fuentes son parciales y erróneas, también lo son las respuestas que te ofrecen los chatbots. Porque los chatbots, a pesar de ser considerados ejemplos de «inteligencia artificial», en realidad no entienden lo que dicen, nada en absoluto. No son más que interfaces de lenguaje natural en motores de búsqueda. Por eso, aunque sus algoritmos favorezcan fuentes con un alto grado de credibilidad —como *CNN*, *The Guardian*, *The Wall Street Journal* y el blog académico *The Conversation*, todos ellos mucho más creíbles que la corriente de contenido que aparece en las redes sociales de tu vecino—, seguirán llegándote tonterías, debido a los prejuicios informativos presentes en las más altas esferas del mundo académico y del periodismo. Es crucial para nuestro futuro como sociedad que comprendamos esto.

Para probar este punto, decidí hacer una pregunta a Chat-GPT (en mayo de 2023): «¿*Incrementan* los psicodélicos la actividad cerebral?». He aquí la respuesta de ChatGPT: «Sí, los psicodélicos pueden aumentar la actividad cerebral [...] pueden conducir a un incremento de actividad en [...] *la red de modo por defecto* (DMN) [...]. Cabe señalar que, si bien los psicodélicos pueden incrementar la actividad cerebral en ciertas regiones, también pueden conducir a una reducción de la actividad en otras regiones. Por ejemplo, la investigación ha demostrado que los psicodélicos pueden disminuir la actividad en *la red de modo por defecto*» (la cursiva es mía). Obviamente, esta respuesta no puede ser correcta, ya que es internamente contradictoria, y lo es de un modo muy específico, no meramente genérico. Está claro que ChatGPT no entiende lo que dice, simplemente proporciona una interfaz de lenguaje natural para los resultados de búsqueda. En realidad, la investigación ha demostrado sistemáticamente que los psicodélicos reducen la actividad cerebral, *principal y precisamente en la red de modo por defecto*. ¿De dónde crees que proviene la «confusión» de ChatGPT?

Los chatbots de IA no son inteligentes de ninguna manera remotamente parecida a como tú y yo lo somos. Los chatbots de

IA no *entienden* nada, se limitan a recopilar y presentar información en formato de lenguaje natural. Nos redactan de nuevo lo que está escrito ahí fuera, en la jungla de Internet. De modo que cuando los medios de comunicación informan sobre los resultados científicos de forma inexacta y sesgada —o peor aún, cuando lo hacen los propios investigadores— esos errores y sesgos se incorporan a nuestra base de datos cultural; el «oráculo» que la gran mayoría de la población consultará para moldear sus vidas durante las próximas décadas. Quizá esta sea la mayor ventaja que el fisicalismo tenga en el futuro.

Pero hay más. Los casos sobre psicodélicos aparecidos en los medios de comunicación y los sesgos de confirmación mencionados anteriormente son especialmente detestables, pero existen innumerables casos en apariencia inocentes del mismo sesgo literalmente todos los días. Tomemos la memoria, por ejemplo: una premisa fundamental del fisicalismo es que la memoria es información almacenada físicamente en algún lugar del cerebro, igual que los archivos se guardan físicamente en la unidad de almacenamiento principal del ordenador. Esta premisa tiene una implicación científica: deberíamos ser capaces de *encontrar* esa información almacenada en estados físicos del cerebro.

La ciencia lleva más de un siglo tratando de encontrar este almacén secreto de información, con resultados que a menudo contradicen la premisa fisicalista. Por ejemplo, en 2013 unos investigadores publicaron un estudio asombroso: entrenaron a unos pequeños platelmintos acuáticos llamados «planarias» —que tienen la extraordinaria capacidad de regenerar partes de su cuerpo amputadas, incluida la cabeza— para moverse por una superficie irregular en busca de comida. A continuación, las decapitaron —extrayendo así sus neuronas, que se encuentran en la cabeza— y esperaron dos semanas hasta que les creciera una nueva cabeza. Una vez que tenían una nueva cabeza, las planarias mantuvieron su capacidad original de moverse por superficies irregulares para encontrar comida, sin preparación adicional. De algún modo, recordaban su entrenamiento incluso después de que se les seccionara la cabeza, lo que contradice la premisa de que los recuerdos se almacenan físicamente en (redes de) neuronas. Al fin y al cabo, cuando te deshaces de la unidad de almacenamiento principal de tu ordenador, no esperas que la que acabas de estrenar contenga todos tus archivos antiguos de forma automática. La investigación en cuestión se ha publicado en el artículo «An automated training paradigm reveals long-term memory in planarians and its persistence through head regeneration» (Un paradigma de entrenamiento automatizado revela una memoria a largo plazo en planarias y su permanencia tras la regeneración de la cabeza), de Tal Shomrat y Michael Levin, publicado en la revista *Journal of Experimental Biology* en octubre de 2013.

Pero me estoy apartando del tema. Lo que quiero decir no es *per se* que el fisicalismo se equivoque en lo que respecta a los recuerdos —aunque está claro que lo hace—, sino que los resultados científicos sobre los recuerdos se comunican de forma inexacta y sesgada a favor del fisicalismo. Para ver esto, tomemos un comunicado de prensa publicado el 10 de septiembre de 2008 por UCLA Health: «How memories are made, and recalled» (Cómo se forman y recuperan los recuerdos). El comunicado de prensa afirma ambiciosamente que «científicos de la UCLA y del Instituto Weizmann de Ciencias de Israel han registrado células cerebrales individuales durante el acto de invocar un recuerdo, *revelando de este modo en qué parte del cerebro se almacena un recuerdo específico y cómo el cerebro es capaz de recrearlo*» (el subrayado es mío). Pero cuando se lee realmente el artículo técnico, surge una imagen muy diferente.

Los investigadores hicieron lo siguiente: tras colocar electrodos en los sujetos de estudio para registrar la actividad neuronal, les pidieron que vieran unos videoclips. A continuación, registraron los patrones de activación neuronal durante la experiencia de ver los videoclips. Algún tiempo después, se pidió a esos mismos sujetos que recordaran lo que habían visto y se volvieron a registrar sus patrones de activación cerebral. Y he aquí que se observaron aproximadamente los mismos patrones de activación neuronal durante la experiencia principal *y* durante el recuerdo de la experiencia.

¿Es sorprendente este resultado? Sabemos desde hace mucho tiempo que numerosos tipos de experiencia subjetiva se correlacionan con patrones específicos de activación cerebral (excepto, por supuesto, los estados psicodélicos, el síncope, los estados de hiperventilación, el daño cerebral asociado al síndrome de Savant adquirido, los estados de parada cardiaca, etc., pero me estoy apartando del tema de nuevo). Por tanto, en la medida en que las experiencias de ver un videoclip y recordar el videoclip son cualitativamente similares, por supuesto que los patrones asociados de activación neuronal deberían ser similares, ¡obvio! Esto no aporta absolutamente *nada* sobre los supuestos mecanismos físicos subyacentes en la memoria.

La pregunta pertinente aquí es la siguiente: ¿cómo sabe el cerebro *qué neuronas reactivar* durante la experiencia de recuerdo? ¿Cómo recuerda qué neuronas estaban activas durante la experiencia original de ver el vídeo? ¿Dónde se almacena y recupera posteriormente la información que indica al cerebro qué neuronas debe reactivar durante el recuerdo? Eso es lo que aportaría información sobre dónde se almacenan los recuerdos en el cerebro. Pero el estudio no dice nada al respecto. Que las mismas neuronas se activen durante el recuerdo es, al menos en gran medida, irrelevante para dilucidar *cómo* el cerebro sabe cuáles reactivar. La afirmación del comunicado de prensa —procedente de la UCLA, por cierto— de que los investigadores revelaron en qué parte del cerebro se almacena un recuerdo concreto no está justificada. De hecho, se requiere mucha destreza en la práctica de las artes marciales de la mente para encontrar un sentido en el que esa afirmación pueda relacionarse con el experimento real.

Pero vivimos en una época en la que hacer ciencia es un trabajo profesional, y las instituciones de investigación luchan a brazo partido por la financiación. Los científicos se someten a evaluaciones de rendimiento cada año. La financiación y la trayectoria profesional solo pueden asegurarse si se logran avances visibles y relevantes que se anuncien al mundo a bombo y platillo. De modo que las personas y las instituciones tienen todos los motivos para exagerar y engañar cuando se comunican con la sociedad general, así como para resaltar el gran progreso y la relevancia de sus resultados, ya que, sin ello, puede haber menos financiación y menos puestos de trabajo el año siguiente. Y dado que la suposición metafísica fundamental de nuestra cultura es el fisicalismo, las exageraciones y los prejuicios se ajustan a la línea del fisicalismo, de lo contrario, atraerían la atención y el escrutinio equivocados. Nadie quiere eso.

Siguiendo con el tema de la memoria, otro grupo de investigación anunció, en 2009, el descubrimiento de que el almacenamiento de la memoria puede estar asociado a la interacción entre la actividad sináptica y la transcripción del ADN en el núcleo de las neuronas [véase «Reducing memory to a molecule: A researcher explores the molecular essence of memory» (Reducir la memoria a una molécula: un investigador explora la esencia molecular de la memoria), por M. Hendricks, *Johns Hopkins Institute for Basic Biomedical Sciences*]. Por otra parte, un estudio de 2012 descubrió que los recuerdos podrían codificarse digitalmente en los microtúbulos neuronales, estructuras del citoplasma neuronal, no en el núcleo [véase «Cytoskeletal signaling: Is memory encoded in microtubule lattices by CaMKII phosphorylation?» (Señalización citoesquelética: ¿está la memoria codificada en redes de microtúbulos por la fosforilación de la CaMKII?), de T. J. Craddock *et al.*, publicado en *PLoS Computational Biology*]. Otro estudio de 2012 anunció el descubrimiento de que los recuerdos pueden almacenarse como patrones de conexiones sinápticas entre neuronas en el hipocampo [véase «Synaptic conditions for auto-associative memory storage and pattern completion» (Condiciones sinápticas para el almacenamiento de la memoria autoasociativa y la finalización de patrones), de E. Y. Cheu *et al.*, en *Journal of Computational Neuroscience*]. Todos estos estudios afirmaban avances científicos fundamentales que confirmaban la premisa fisicalista de que los recuerdos se almacenan físicamente en el cerebro. El único problema es que las conclusiones son contradictorias.

No me malinterpretes: en la mayoría de estos estudios probablemente *haya* descubrimientos científicos verdaderos y relevantes. El problema es que, para resaltar su relevancia, se hacen afirmaciones metafísicas generales que a menudo no se basan en los resultados. Por ejemplo, los investigadores no suelen distinguir entre los *circuitos* de la memoria —es decir, los mecanismos neuronales relacionados con el *acceso* a la memoria— y el *almacenamiento* de la memoria. Si una persona es incapaz de evocar recuerdos a corto plazo debido a daños en determinadas zonas del cerebro, quizá se hayan visto afectadas las estructuras «físicas» relacionadas con el *acceso* a la memoria, no con el almacenamiento de la memoria en sí (de lo contrario, el conocido fenómeno de la «lucidez terminal» —busca más información sobre el tema si lo deseas— no sería posible). Pero, por desgracia, este tipo de razonamiento cuidadoso y riguroso está prácticamente ausente cuando se trata de los medios de comunicación científicos y las oficinas de prensa de las instituciones de investigación. El resultado es un circo de afirmaciones engañosas, tendenciosas y, a veces, totalmente falsas que se vierten en los medios de comunicación, en un esfuerzo por competir con éxito en el mercado de la financiación y la carrera profesional.

Si eres un lector culto que se limita a repasar los últimos titulares científicos, seguramente te habrás convencido de que la premisa fisicalista de que los recuerdos se almacenan físicamente en el cerebro se ha demostrado científicamente una y otra vez. He aquí un par de titulares publicados en relación con los estudios antes mencionados: «Reducing memory to a molecule» (Reducir la memoria a una molécula), «Scientists claim brain memory code cracked» (Científicos afirman haber descifrado el código de la memoria en el cerebro), etc. Habrás leído tantas veces titulares parecidos, en los que se anuncian grandes avances en la determinación de la localización física y los mecanismos de la memoria que no creerás posible que estén todos equivocados. Sin embargo, en lo que respecta a la metafísica, es más que probable que lo estén, sobre todo porque las afirmaciones son contradictorias entre sí.

La cuestión es que el fisicalismo, al ser la hipótesis dominante, proporciona una cobertura de protección tanto a los periodistas como a los científicos: si interpretas e informas de los resultados según las líneas fisicalistas, es menos probable —o así se cree— que te equivoques y te castiguen por ello que si te atreves a contradecir la narrativa vigente. Esto último atraerá el escrutinio de la crítica, te pondrá a la defensiva, te acarreará el desprecio de tus colegas (que compiten contra ti por ese ascenso o esa financiación, y olerán la sangre en el momento en que insinúes una postura no fisicalista), atraerá la ira de expertos bocazas que no hacen ciencia, pero se dedican a hablar de ella, reducirá drásticamente tus posibilidades de que te publiquen un artículo o un reportaje, etc. Como mínimo, triplicará la cantidad de trabajo necesario para defender tu punto de vista. En una sala de redacción, la diferencia entre agazaparse bajo la cobertura fisicalista o cuestionarla de una manera crítica es la de conseguir que tu reportaje se publique de inmediato, o ver cómo se envía a la dirección, se examina reunión tras reunión, se te exige un mayor esfuerzo, y todo ello con un riesgo de rechazo mucho mayor.

Si eres seguidor del fisicalismo y te equivocas, serás perdonado, porque ¿cómo podría *alguien* haber imaginado que las cosas no son exactamente como predice el fisicalismo? Pero si estás en contra de esta metafísica y te equivocas, que Dios te ayude: te tacharán de chiflado, alguien con un punto de vista poco fiable, y te enfrentarás de inmediato a un techo de cristal en tu carrera. Por tanto, si tienes grandes ambiciones profesionales y menos compromisos éticos, puedes concluir que lo mejor es confirmar las expectativas generales, incluso cuando sabes que estás engañando al público y tergiversando tus propios resultados. Las personas dispuestas a hacerlo son las que tienen más posibilidades de ocupar puestos influyentes y bien remunerados (jefes de departamento, catedráticos, etc.) por razones obvias. Las universidades y los medios de comunicación compiten en un terreno en el que codearse con el poder resulta esencial, y el poder es muy antiguo, el poder está bien arraigado, el poder es *fisicalista*. *Ergo*, disparar contra ello es como dispararse en el pie. Hace falta una gran integridad intelectual, científica y periodística para perseguir objetivamente la razón y la evidencia de forma rigurosa, cueste lo que cueste. Por desgracia, ese nivel de integridad es más bien escaso. Parece ser que la creencia más extendida se inclina a pecar por exceso a favor del fisicalismo. Esto es lo que perpetúa nuestra actual locura metafísica como una profecía autocumplida, hasta el punto de que —escandalosamente— lo que a veces se publica sea *justo lo contrario* de los verdaderos hallazgos.

Claramente, por tanto, a pesar de ser la peor metafísica que tenemos en la actualidad —la de mayor contradicción interna hasta el punto de resultar incoherente, la más inadecuada empíricamente, la que presenta un poder explicativo más débil, etc.—, desde el punto de vista cultural, el fisicalismo *tiene mucho* a su favor: la falta percibida (y autocumplida) de alternativas racionales, la prevalencia de suposiciones fisicalistas no examinadas que conducen a presuponer conclusiones para demostrar las premisas de forma generalizada, la ilusión de que el fisicalismo sustenta metodológicamente la ciencia y la tecnología, la vaguedad y la resultante infalsabilidad de esta metafísica, la ignorancia pública general de lo que conlleva e implica, y el descarado sesgo de confirmación en la ciencia y los medios de comunicación a su favor. Esta es la razón por la que continúa dominando nuestra cultura, a pesar de que su insostenibilidad sea tan evidente y abrumadora para aquellos que se preocupan de mirar un poco más de cerca. Pero ¿quién va a tener el tiempo y la formación para hacerlo, a menos que sea un filósofo especializado en el tema? ¿Quién será capaz de reunir la energía y la disciplina necesarias al llegar a casa a última hora de la tarde después de un agotador día de trabajo para estudiar de forma crítica la bibliografía pertinente, a menudo sumamente técnica? Y de este modo sigue girando alegremente la colorida rueda de carnaval de la tontería metafísica, irónicamente revestida con los ropajes de la ciencia y la razón.

CAPÍTULO 5

El remedio es peor que la enfermedad

E<small>N SU LIBRO</small> *Lecciones sobre la filosofía de la historia universal* (1837), Georg Hegel introdujo en la mente occidental la idea de la *evolución* histórica, la noción de que la humanidad progresa de algún modo en el curso del tiempo, avanza, mejora en algún sentido significativo, minimizando constantemente la función de error o coste. Charles Darwin recogió la intuición subyacente en su obra *El origen de las especies* (1859) —de hecho, como afirmó Friedrich Nietzsche en *La gaya ciencia* (1882), «sin Hegel, no hay Darwin»— y consolidó la evolución constante como una de las ideas más poderosas, fértiles e importantes del pensamiento occidental. Corrientes de principios del siglo XX como el positivismo, el marxismo, el cientificismo, el nuevo pensamiento, etc. tienen su origen en esta intuición, ahora profundamente arraigada, del aumento lineal y monótono del conocimiento humano.

No importa que Thomas Kuhn ya demoliera de forma exhaustiva una idea tan ingenua y arbitraria en su libro fundamental, *La estructura de las revoluciones científicas* (1962), y que Carl Jung proporcionara un modelo empíricamente más adecuado de la dinámica de nuestra epistemología —a saber, la «circunvalación»— que la evolución lineal: hoy en día, todavía nos gusta considerar todos los avances científicos y filosóficos dominantes desde la Ilustración como pasos lineales hacia adelante. Incluso si los modelos o ideas ilustrados anteriores resultan ser falsos, encontramos formas de considerarlos pasos *incompletos* que, sin embargo, desempeñaron un papel positivo y abrieron las puertas a una comprensión más profunda.

Permíteme que insista un poco en este punto, ya que resulta crucial para nuestra comprensión de nosotros mismos y de cómo abordamos el asunto de la metafísica. Nos gusta ver nuestros errores como algo *sobre* lo que podemos *construir*. Nos gusta imaginar y otorgar valor a todos nuestros esfuerzos, incluso cuando resultan ser una tontería. Nuestra psicología nos pone muy difícil reconocer que, a veces, estamos totalmente equivocados y eso es todo. Nos incomoda pensar que ciertas ideas que hemos adoptado como cultura no eran más que una auténtica pérdida de tiempo que no conducía a nada. Sentimos la necesidad de validar incluso nuestros peores errores, porque al hacerlo nos validamos a *nosotros mismos*. Tenemos esa sensación cálida y difusa de que nuestros esfuerzos de alguna manera siempre conducen a *algo* valioso, por incompletos que sean.

A medida que las evidentes deficiencias del fisicalismo dominante empiezan a erosionar la confianza incluso de las élites intelectuales más testarudas y con más prejuicios, la necesidad de considerarlo *incompleto* —en lugar de simplemente ridículo— está alcanzando niveles abrumadores. Por eso, desde finales de los años ochenta más o menos, el mundo académico se ha esforzado en replantear el fisicalismo como un paso meramente *insuficiente* en la dirección correcta. Este esfuerzo recibe el nombre de «panpsiquismo microconstitutivo», o simplemente *panpsiquismo*, como lo llamaré en adelante.

Existen dos formulaciones diferentes del panpsiquismo. Primero hablaré de sus diferencias y a continuación de lo que tienen en común.

La primera formulación es la noción de que las partículas subatómicas elementales (en adelante, simplemente «partículas fundamentales»), *además de* propiedades físicas como la masa, la carga y la cantidad de movimiento, también tienen *propiedades experienciales fundamentales*. Desde este punto de vista, la experiencia se *añade* simplemente como una propiedad más de la materia, junto a las demás conocidas.

La segunda formulación del panpsiquismo, en cambio, afirma que la experiencia es la *naturaleza intrínseca* de las partículas fundamentales; es decir, lo que llamamos partícula fundamental *es* esencialmente experiencia, que después se manifiesta en el exterior, a través de la interacción con otras partículas fundamentales, en forma de las demás propiedades conocidas, como la masa, la carga, la cantidad de movimiento, etc.

Obsérvese que estas dos formulaciones son claramente diferentes. En el primer caso la experiencia es simplemente otra propiedad *de* la materia, mientras que en el segundo caso la materia *es* experiencia. Sin embargo, la idea subyacente es la misma. De hecho, lo que hace que estas dos formulaciones sean panpsiquistas —en vez de idealistas— es lo siguiente: en ambas *la estructura de la experiencia* —es decir, de la propia subjetividad— *se supone que es la estructura de la distribución de las partículas fundamentales a través del espacio y el tiempo*. En ambos casos, el mundo está constituido por estas partículas fundamentales, que, a su vez, son las portadoras y los sujetos de la experiencia. Por tanto, la forma en que las partículas se disponen en el espacio y el tiempo *es* la forma en que la subjetividad se dispone a sí misma.

Además, en ambas formulaciones del panpsiquismo hay algo que es *ser* una partícula fundamental; hay algo que es *ser* un electrón, un quark o un fotón: los electrones, los quarks y los fotones no solo tienen una realidad autónoma, sino que también son *conscientes* en y de sí mismos. Cada fotón, cada quark, cada electrón es un pequeño sujeto microscópico de experiencia o «microsujeto». Se supone que nuestra vida interior consciente es el resultado global de cómo estos microsujetos separados se organizan e interactúan entre sí dentro de nuestro cuerpo. Los microsujetos que constituyen nuestro cerebro se *combinan* de algún modo dentro de nuestro cráneo para dar lugar a nuestra subjetividad aparentemente unitaria, es decir, a cómo es la experiencia de ser nosotros.

La motivación del panpsiquismo es obvia: dado que el fisicalismo dominante ha fracasado previsiblemente a la hora de explicar la experiencia (cualitativa) en función de cosas físicas (puramente cuantitativas), el panpsiquista considera que la existencia de la experiencia es un aspecto bruto de la fisicalidad que no requiere explicación, y listo, ¡se acabó el «difícil problema de la conciencia»! La idea es aferrarse a los mismos componentes básicos e irreductibles de la naturaleza que ya postula el fisicalismo dominante. En la mente del panpsiquista, estos componentes básicos son las partículas fundamentales: unas «canicas» microscópicas que tienen propiedades igualmente irreducibles, es decir, propiedades que no pueden explicarse en función de ninguna otra cosa. El panpsiquista postula simplemente que los estados experienciales son o bien (a) un tipo más de propiedad fundamental de las partículas, extrapolando esencialmente la línea ya trazada en el fisicalismo, o bien (b) la esencia interna de las partículas, que llena un hueco dejado abierto por el fisicalismo.

La crítica del panpsiquismo que sigue presupone únicamente lo que tienen en común las dos formulaciones expuestas anteriormente. Por tanto, a partir de ahora ya no estableceré diferencias entre ellas.

Obsérvese que el panpsiquismo no explica *absolutamente nada*: simplemente encuentra un subterfugio para evitar la necesidad de una explicación. Si esto se considerara una línea de razonamiento válida, entonces *cualquier* observación empírica molesta podría «explicarse» trivialmente de la misma manera: ¿qué sentido tiene el ajuste fino de las constantes universales? Se trata de un hecho físico bruto. ¿Cómo se explica que personas sin factores de riesgo desarrollen cáncer? Es un hecho físico bruto. Y así sucesivamente. ¿Está esto en el espíritu de la investigación filosófica y científica? (Si crees que el idealismo analítico, por considerar también que la experiencia es fundamental en la naturaleza, es culpable del mismo pecado, sigue leyendo; más adelante abordaré esta cuestión de forma muy explícita. De momento, si te apetece, podrías reflexionar sobre ello tú mismo, para que podamos comparar nuestras observaciones más adelante).

El panpsiquista acepta acríticamente nuestra necesidad psicológica de considerar los errores como peldaños útiles en una alucinada, añorada y heroica escalera de evolución epistémica lineal: insiste en que (a) las entidades físicas irreductibles —al igual que en el fisicalismo— tienen existencia autónoma, a pesar de la abrumadora evidencia de laboratorio que demuestra lo contrario (como ya he mencionado anteriormente), y en que (b) la estructura de la naturaleza, y de la propia subjetividad, es de hecho —de nuevo como postula el fisicalismo— la estructura de la materia «física» que aparece en la pantalla de la percepción. En otras palabras, el panpsiquista adopta sin reservas la noción fisicalista ilógica e insostenible de que la estructura de lo representado es la estructura de las representaciones: que, dado que mi imagen en la pantalla de tu teléfono durante una videollamada está pixelada, entonces yo mismo debo estar hecho de pequeños rectángulos. Y puesto que la pantalla de la percepción no es más que nuestro panel de instrumentos interno, el panpsiquista —al igual que el fisicalista— sigue manteniendo que la naturaleza exterior es como el panel de instrumentos, que las nubes, las tormentas y los vientos fuera del avión tienen las formas de los dispositivos de medición y los indicadores del panel de instrumentos del avión.

Desde una óptica panpsiquista, el fisicalismo fue un paso necesario en el camino. Acertó en lo importante, pero le faltó dar el último paso: entender la experiencia como fundamentalmente asociada a las partículas —los bloques fundamentales de construcción de la naturaleza, en la mente del panpsiquista—, en contraposición a un efecto epifenoménico de sus disposiciones y dinamismos. Hay un sentido en el que la ingenuidad de esta perspectiva es conmovedora y entrañable, como la de los niños que intentan explicar sus fechorías cuando les pillan in fraganti.

Otro defecto filosófico del panpsiquismo es que no hay una explicación explícita y coherente —ni siquiera en principio— de cómo dos o más microsujetos fundamentalmente distintos podrían combinarse para formar uno de nivel superior. ¿Cómo podrían las pequeñas subjetividades de la infinidad de partículas que constituyen tu cerebro combinarse para dar lugar a *ti*, como un sujeto consciente aparentemente unitario? Al fin y al cabo, las neuronas ni siquiera se tocan entre sí, sino que se comunican a través de moléculas de neurotransmisores que se liberan en el espacio adyacente entre ellas. De hecho, el filósofo Sam Coleman ha argumentado de forma convincente que la combinación de microsujetos separados es una hipótesis incoherente ya en principio. Es tanto una apelación a la magia sin fundamento como un intento de resolver el «problema difícil» según premisas fisicalistas [véase «The Real Combination Problem: Panpsychism, Micro-Subjects, and Emergence» (El auténtico problema de la combinación: panpsiquismo, microsujetos y emergencia), publicado en *Erkenntnis*, 2014]. Si esto es cierto —y yo creo que lo es—, entonces el panpsiquismo no representa ningún avance en cuanto a poder explicativo si se compara con el fisicalismo. Se trata del mismo callejón sin salida con un disfraz diferente.

Las deficiencias filosóficas del panpsiquismo, sin embargo, resultan totalmente superfluas por un simple hecho científico: *el panpsiquismo contradice la física conocida y es, por tanto, demostrablemente falso.* De hecho, su premisa fundamental es que las partículas fundamentales son entidades irreductibles con límites espaciales separados, como pequeñas canicas localizadas en el espacio. Esta es supuestamente la razón por la que las canicas que hay dentro de tu cabeza se combinan para formar *tu* conciencia, mientras que las canicas que hay dentro de mi cabeza, en una localización espacial diferente, se combinan para formar *mi* conciencia, separada de la tuya. Los límites espaciales de nuestras respectivas canicas hacen que tu campo experiencial esté separado del mío, lo que nos impide acceder al contenido de la mente del otro, o eso se dice.

El panpsiquista cae alegre e inadvertidamente en la trampa epistémica de manual más fácilmente evitable: emplear terminología de otro campo —en este caso, la noción de «partículas» procedente de la física— sin entender su significado ni cómo se usa técnicamente. De hecho, el panpsiquismo ni siquiera habría comenzado si los panpsiquistas comprendieran lo que significa una «partícula» en los fundamentos modernos de la física. La noción de que las canicas pequeñas son los bloques de construcción de la naturaleza puede haber sido popular entre algunos filósofos presocráticos —como Demócrito— hace dos mil quinientos años, pero desde entonces hemos aprendido un par de cosas. El panpsiquista está un poco anticuado en su comprensión de la física.

De hecho, sabemos desde finales de la década de 1940 (quizá incluso desde finales de la década de 1920), con la llegada de la electrodinámica cuántica, que lo que llamamos «partículas» no son partículas en absoluto: son simplemente patrones locales de excitación de un campo cuántico sin límites espaciales. Para entender esto, considera que las partículas son como las ondulaciones que se producen en la superficie de un río: cada una de ellas tiene una altura, un grosor, una velocidad y una dirección de movimiento determinados, que son las propiedades «físicas» de la ondulación. También tienen ubicaciones definidas en el espacio: se puede señalar una parte del río y decir: «¡Ahí hay una ondulación!». Sin embargo, *la ondulación no es más que el propio río*. La ondulación no es una entidad independiente, sino un comportamiento del río. No es una cosa, sino una acción. Por eso no es posible coger una y sacarla del río.

Del mismo modo, la teoría cuántica de campos (QFT, por sus siglas en inglés) —la formulación más general de la electrodinámica cuántica, que también es la teoría científica más precisa y exhaustivamente confirmada jamás concebida— nos dice que las llamadas partículas no son más que «ondas» en un campo cuántico. En esencia, *no hay verdaderas partículas*. En la actualidad empleamos esta palabra solo metafóricamente para simplificar y por razones históricas. Solo existen campos cuánticos, que no tienen límites espaciales. Las partículas «fundamentales» o «elementales» son «fundamentales» y «elementales» solo en el sentido de que no están constituidas por *otras partículas* (de la forma, por ejemplo, en que los protones y neutrones están constituidos por quarks y gluones, siendo solamente estos dos últimos «fundamentales» o «elementales»), no en el sentido de que sean irreductibles. Desde hace casi un siglo, la física sabe que las partículas y sus propiedades son reducibles a campos.

Por tanto, si el panpsiquista desea evitar el «problema difícil» haciendo de la experiencia, la subjetividad, la conciencia misma, una propiedad fundamental o la esencia de una entidad física irreductible, entonces solo un *campo* puede ser esa entidad, porque el campo es todo lo que hay. Es el *campo* el que debe ser consciente, no una partícula, porque no hay nada en la partícula salvo su campo asociado, igual que no hay nada en una ondulación salvo el río que ondula. Engañado por la más superficial de las confusiones semánticas, por una simple palabra, el panpsiquista ve *cosas* donde solo hay *acciones*.

Una vez aclarado este error semántico, el panpsiquismo implosiona. Al fin y al cabo, los mismos campos cuánticos que no tienen límites espaciales abarcan el espacio ocupado por tu cuerpo y el mío. Entonces, ¿por qué no puedo leer tus pensamientos y tú los míos? ¿Cómo pueden estar separados nuestros respectivos campos *experienciales*, si los mismos campos cuánticos subyacen —como de hecho sucede— en ti y en mí? El panpsiquismo se derrumba en el momento en que se presenta de forma físicamente congruente.

Algunos panpsiquistas, como el filósofo Philip Goff, buscan refugio de esta inevitabilidad en la mecánica de Bohm, una interpretación específica de la mecánica cuántica que preserva la noción de una naturaleza de las partículas semejante a canicas. Pero esto solo refleja una continua falta de familiaridad con los fundamentos de la física moderna. Incluso si la mecánica de Bohm no hubiera sido refutada experimentalmente hace unos años [véase el resumen de estos resultados que realizó Natalie Wolchover en un artículo titulado «Famous Experiment Dooms Alternative to Quantum Weirdness» (Un famoso experimento condena la alternativa a la rareza cuántica), publicado en *Quanta Magazine* el 11 de octubre de 2018], no tiene una extensión relativista que la reconcilie con la relatividad especial. Esto por sí solo la hace insostenible, ya que la relatividad ha sido confirmada experimentalmente hasta la saciedad. De hecho, se puede argumentar que *cualquier* formulación de la mecánica cuántica que *pueda* reconciliarse con la relatividad implicará, *forzosamente*, una comprensión de las partículas desde la perspectiva de la excitación de campos.

Es también esta comprensión de la excitación de campos la que permite a la QFT dar sentido a un gran número de fenómenos observados empíricamente, como:

a) La aparición y desaparición espontáneas de partículas en el vacío, las llamadas «fluctuaciones cuánticas», que serían mágicas si las partículas fueran realmente canicas: ¿cómo podrían estas canicas dejar de existir por arte de magia y volver a surgir de la nada? Pero si las partículas no son más que excitaciones de campo, la magia desaparece: nada aparece ni desaparece. Lo que ocurre es que un campo subyacente, que siempre está presente, a veces se «ondula» (es decir, se excita) y a veces vuelve al reposo (es decir, no se excita). Los ríos también generan ondulaciones unas veces y otras no.

b) Las *interacciones* entre partículas, excluidas de la teoría cuántica clásica pero explicada con gran éxito según las premisas de la QFT: las «ondas» de los campos subyacentes a veces chocan e interfieren entre sí de forma predecible, lo que conduce a la formación, desaparición o modulación de otras «ondas». Eso es lo que muestran con tanto éxito los famosos «diagramas de Feynman», que le valieron el Premio Nobel al físico Richard Feynman. Sin una comprensión de las partículas desde el punto de vista del campo, no es posible explicar cómo interactúan entre sí, es decir, no podemos explicar esencialmente *nada* de lo que sucede en la naturaleza.

c) La desintegración espontánea de partículas: una partícula puede convertirse espontáneamente en otras partículas que no formaban parte de la original. Por ejemplo, un bosón de Higgs puede desintegrarse en dos muones. Pero el bosón de Higgs no está formado por dos muones, de modo que ¿de dónde salieron los muones y, lo que es igual de importante, adónde fue a parar el bosón original? Pues bien, un bosón de Higgs no es más que una «onda» en el *campo* de Higgs subyacente. Esa «onda» tiene propiedades específicas —análogas a la altura, anchura, velocidad y dirección de movimiento de una ondulación que se desplaza por la superficie de un río— que la definen como bosón de Higgs. Pero con el tiempo, esa ondulación original pierde energía, haciéndose, por ejemplo, más corta, más ancha, viajando más despacio, etc. Incluso puede convertirse en otras dos o más ondulaciones si encuentra un obstáculo o viaja desde el río a un lago más ancho a través de un canal estrecho. Estas nuevas ondulaciones con propiedades diferentes son partículas distintas, y en eso consiste la desintegración de partículas; por eso el bosón de Higgs puede desintegrarse en dos muones: tanto el bosón como los muones son solo ondas con propiedades diferentes, no canicas que desaparecen y reaparecen mágicamente en formas diferentes. (Por cierto, en contra de la creencia popular, nunca se ha medido un bosón de Higgs directamente. Es demasiado inestable y se desintegra antes de poder interactuar con una superficie de medida. Lo que *sí* hemos medido en el CERN son las partículas en las que se desintegra el bosón de Higgs, lo que nos ha permitido inferir retroactivamente la existencia del bosón. La desintegración de partículas, que no puede entenderse sin una comprensión de las partículas por excitación de campo, está entrelazada con la totalidad de la física moderna de altas energías. Renunciar a esta comprensión es, por tanto, renunciar a toda la física de altas energías, la base de todas las ciencias).

d) Regularidades cotidianas de la naturaleza que pueden observarse sin instrumentación, como el comportamiento definitorio de la masa denominado «inercia». De hecho, la inercia —la resistencia de la masa a los cambios de velocidad y dirección de su movimiento— solo puede comprenderse si se entiende que el bosón de Higgs revela la existencia de un campo subyacente: la inercia es el efecto de la masa que intenta atravesar el *campo* de Higgs «viscoso» en el que siempre está inmersa, como pez en el agua. Sin este campo —es decir, sin la viscosidad del «agua»— todos los «peces» nadarían a la velocidad de la luz y no habría paso del tiempo. La relevancia del descubrimiento del bosón de Higgs para nuestra comprensión del origen de la masa —que es lo que motivó a una prensa crédula a llamar al bosón la «partícula de Dios»— reside por tanto en el hecho de que muestra una «ondulación» en el campo de Higgs. Es el *campo* el que explica la existencia de la masa.

e) Etcétera.

Si renunciáramos a la idea de que las partículas no son canicas, sino excitaciones localizadas del campo, todos los fenómenos
anteriores se convertirían en mágicos de repente. Me parece que
no vamos a hacer eso por el bien del panpsiquista. Por tanto, no
debería sorprender a nadie —excepto quizá al propio panpsiquista— que la mecánica de Bohm fuera rápidamente rechazada
por su propio creador —Louis de Broglie— hace ya un siglo.

Debido a todo lo expuesto anteriormente, apelar a la mecánica de Bohm solo hace que el panpsiquista parezca tonto. Sin
embargo, sin tales apelaciones, el panpsiquismo sigue siendo físicamente incoherente y, por lo tanto, un fracaso.

Después de haber insistido lo suficiente en este tema podemos
centrarnos en una cuestión más interesante y productiva, ya que
puede ayudarnos a comprender mejor los procesos de pensamiento que subyacen en nuestros errores: ¿cuáles son las *intuiciones* que hacen que el panpsiquismo resulte tan atractivo para
algunos y qué es lo que falla en ellas *exactamente*?

El núcleo de la intuición panpsiquista es que nosotros, los
sujetos de la experiencia, parecemos *entidades compuestas*. En
otras palabras, aparentemente estamos hechos de diversas partes,
como células vivas separadas, que se han unido para formar
nuestro cuerpo y cerebro. Al fin y al cabo, toda persona es un
sujeto y tiene un cuerpo formado por células. Además, estas células también son entidades compuestas, ya que están formadas
por numerosas partículas fundamentales unidas. Por tanto, nuestra propia conciencia —o al menos eso se intuye— también debe
ser compuesta y surgir de algún modo de la combinación de
constituyentes de nivel inferior. A primera vista, parece lógico,
¿verdad? El problema, por supuesto, es que una filosofía adecuada exige algo más que apariencias superficiales.

La intuición panpsiquista de que la conciencia —la subjetividad misma— debe ser compuesta se basa en más de un supuesto
no examinado, que erróneamente se toma por un hecho. Para

empezar, que el cuerpo sea una estructura compuesta no implica que la subjetividad asociada al cuerpo sea compuesta. Ya hemos tocado brevemente este punto anteriormente, pero, con el espíritu de la circunvalación junguiana, vamos a revisarlo más a fondo: un cuerpo biológico es una *representación* perceptiva, una cosa que vemos, sentimos, olemos, etc. Pero la estructura de las representaciones en la pantalla de la percepción no es necesariamente la estructura del *sujeto de la percepción* (¿por qué habría de serlo?). Permíteme repetirlo para mayor claridad: el panpsiquista confunde la estructura del contenido de la percepción con la estructura del perceptor. Confundir estas dos cosas conduce a errores de categoría.

Para ver por qué esto es así, retomemos una analogía que hemos empleado antes: si yo hablara contigo a distancia, a través de una videollamada, me verías representado en la pantalla de tu teléfono como una imagen pixelada. En ella, yo parecería el resultado compuesto de diminutos bloques rectangulares unidos. Pero eso no significa que *yo*, Bernardo Kastrup, esté hecho de pequeños bloques rectangulares. El pixelado es un producto de mi *representación* en una pantalla, no mi estructura inherente como aquello que se representa. Esto debería ser bastante obvio.

Ahora bien, precisamente por la misma razón, que la estructura de un cuerpo —una representación de un sujeto en la pantalla de la percepción— sea compuesta no implica que el sujeto representado *como el cuerpo* sea a su vez compuesto. Las partículas son los píxeles de la pantalla de la percepción, los píxeles del mundo «físico», y no necesariamente los elementos constitutivos de los sujetos. La estructura de las representaciones no es necesariamente la estructura de lo representado, por lo que no podemos concluir que los sujetos estén hechos de partículas. Solo los cuerpos lo están.

Puedes pensar que se trata de consideraciones sumamente abstractas y remotas, pero constituyen el terreno metafísico mismo en el que germinó el panpsiquismo y del que deriva su relevancia. Así pues, te pido un poco de paciencia.

A diferencia de las partículas, las células son entidades vivas como nosotros. Por esta razón, la estructura celular de nuestro cerebro puede parecer, intuitivamente, una señal más convincente de que nuestra conciencia debe ser en sí misma compuesta. Al fin y al cabo, existe cierta equivalencia entre las células individuales y nuestro organismo en su conjunto: ambos están vivos y metabolizan. Por tanto, si yo soy consciente, también deben serlo las células que constituyen mi cerebro, y el panpsiquismo sería cierto, ¿o no?

Por convincente que pueda parecer, este razonamiento también se basa en una suposición no examinada que se confunde con un hecho. En concreto, cuando pensamos que el cuerpo es una entidad compuesta solo porque está hecho de muchas células, estamos confundiendo *crecimiento* con *ensamblaje* y, por tanto, dando por sentado erróneamente que nuestras células son partes propiamente dichas de nosotros. Permíteme que lo explique.

Una entidad está *ensamblada* cuando su estructura está definida *desde fuera hacia dentro*, determinada por la forma en que se unen sus partes constituyentes. Un coche está ensamblado porque su estructura la definen los ingenieros y se realiza uniendo sus piezas en una cadena de montaje. En cambio, un organismo vivo no se ensambla, sino que *crece*. En el crecimiento, la estructura de la entidad se define *de dentro afuera*: siguen suministrándose materias primas, pero su lugar y función en el organismo se definen desde dentro. Un organismo no se ensambla: su estructura la define su propio ser interior.

Solo puede decirse con seguridad que las entidades ensambladas son compuestas y, por tanto, que tienen partes propiamente dichas. En cambio, el crecimiento puede interpretarse coherentemente como un proceso de *estructuración interna, diferenciación* o *complejización*, en el que la única parte es el todo. Un ser humano comienza su vida como un cigoto —un óvulo fecundado, una única célula— que se complejiza, diferencia o estructura internamente, de forma autosimilar o fractal, a través de lo que llamamos mitosis (es decir, división celular). *Se puede considerar coherentemente que una persona adulta sigue siendo el cigoto unitario original no compuesto, solo que se ha complejizado, diferenciado o estructurado internamente en gran medida.*

Por tanto, en un sentido importante una persona —junto con su cerebro— no está «hecha de» células. En su lugar, las células son el *aspecto* que adopta la complejización, diferenciación o estructuración interna de la persona a través del crecimiento. Considerar las células como partes propiamente dichas es, en el mejor de los casos, meramente nominal.

Como tal, la estructura celular de nuestro cuerpo no es una razón para que pensemos en nosotros mismos como entidades compuestas, o en nuestra conciencia como hecha de partes propiamente dichas. Solo significa que la entidad *unitaria* que siempre hemos sido, desde el momento de la fecundación, ha desarrollado una estructura interna compleja y diferenciada a lo largo del tiempo, mediante el crecimiento. Y puesto que esa entidad unitaria original —el cigoto— solo sabía cómo ser una célula, no debería sorprendernos que cree una estructura interna repitiendo esa plantilla original de forma autosimilar, es decir, en forma de muchas «células» internas. El cigoto se complejiza internamente aplicándose a sí mismo recursivamente la única plantilla que sabe ser.

No estar de acuerdo con esto es no reconocer la razón por la que nunca decimos que un coche crece o que una persona se ensambla. La intuición panpsiquista sería más adecuada si un ser humano —o cualquier organismo pluricelular— se formara únicamente cuando tropecientas células individuales se arrastraran hacia otras y luego se amontonaran unas sobre otras. Pero tal y como están las cosas, se trata de una intuición basada en la incomprensión de la diferencia entre ensamblaje y crecimiento.

De hecho, todo lo relacionado con el funcionamiento de nuestro cuerpo nos dice que, a diferencia de un coche, *no somos* verdaderas entidades compuestas: las células «saben» exactamente cómo tienen que configurarse y qué tienen que hacer, dependiendo del lugar del cuerpo en el que se encuentren. Su forma, actividad y existencia están coordinadas por un patrón unitario global. Además, nuestras células comparten copias idénticas de esa cosa aún misteriosa que llamamos ADN, que es la pista «física» de que no son partes propiamente dichas de una entidad compuesta, sino simplemente la estructura interna fractal —complejizada por el crecimiento— de un todo irreductible. Cuando las células se comportan realmente como partes, decimos que se han vuelto cancerosas.

En conclusión, el panpsiquismo no solo tiene un valor cuestionable como hipótesis filosófica y no solo es refutado de plano por la ciencia empírica, sino que incluso las propias intuiciones que motivan al panpsiquista resultan estar basadas en suposiciones no examinadas confundidas con hechos. Así pues, no es el futuro de la metafísica. Se trata de la criatura muerta de un intento de poner la continuidad —es decir, la salvaguarda de al menos *algunos* aspectos del fisicalismo— por encima de la razón y la evidencia, la expresión persistente de un *mal hábito* obstinado. Como supuesto remedio, el panpsiquismo es quizá peor que la enfermedad —el fisicalismo— al que pretende curar.

CAPÍTULO 6

El idealismo analítico

Puede parecerte extraño que, encontrándonos en la segunda mitad de un libro sobre el idealismo analítico, todavía no haya abordado explícitamente, bueno, ¡el idealismo analítico! La mayor parte de las páginas precedentes han constituido una exposición sobre la historia y los defectos del pensamiento occidental, el fisicalismo, el panpsiquismo, el sesgo de confirmación en la ciencia, el entrelazamiento cuántico, la neurociencia de la conciencia, la sociopsicología de nuestra cultura y otros temas más o menos relacionados. ¿Significa esto que el núcleo de este libro está aún por llegar? ¿Que todo lo que se ha hecho hasta ahora no ha sido más que una especie de contextualización, y que el grueso del esfuerzo intelectual necesario ni siquiera ha comenzado todavía?

No. De hecho, ya casi hemos terminado. Los puntos difíciles han quedado atrás y a partir de aquí todo es cuesta abajo. La razón es doble: en primer lugar, distribuidas a lo largo de los capítulos anteriores, a menudo en forma de digresiones, se encuentran la mayoría de las ideas clave que sustentan el idealismo analítico. Al usar otras hipótesis y supuestos metafísicos como trasfondo con el que contrastar el idealismo analítico, ya te he presentado casi todos los principios clave de este último (con una o dos excepciones que pronto abordaremos). Sin darte cuenta siquiera, si me has seguido hasta aquí, ya eres casi un licenciado en idealismo analítico.

La segunda razón por la que la mayor parte del esfuerzo ya ha quedado atrás es aún más relevante: como en una casa vieja que hay que reformar por completo, la mayor parte de la energía necesaria ya se ha empleado en desmantelar las estructuras de pensamiento obsoletas y preparar el terreno conceptual para la nueva disposición. Una vez hecho esto, reunir las nuevas ideas en un sistema cohesionado resulta relativamente fácil y rápido.

De forma más explícita, la principal dificultad de adquirir una nueva perspectiva metafísica reside en ver más allá de viejas suposiciones y (malos) hábitos de pensamiento no examinados ni justificados. Y eso ya lo hemos conseguido. En sí mismo, como pretendo demostrarte en este capítulo, el idealismo analítico es sorprendentemente sencillo e intuitivo, casi evidente. Cualquier dificultad que pueda estar asociada a él es enteramente la de desenredarse de la tortuosa red de abstracción y embrollo metafísico que plaga nuestra cultura. Cuando los fisicalistas opinan que el idealismo analítico es complejo o descabellado, simplemente están expresando el alcance de su propia confusión conceptual, y el grado en que se han abstraído de la realidad concreta que está siempre ante sus ojos.

He aquí, pues, el idealismo analítico en unos pocos párrafos.

Cuando nos encontramos en una colina y miramos el horizonte, lo que existe más allá de la línea del horizonte no es accesible para nosotros, es decir, no es visible. Sin embargo, puesto que podemos ver tierra firme hasta el horizonte, es natural pensar que, más allá de él, solo hay *más tierra*, y no algo diferente que no sea conmensurable con ella. De hecho, si alguien afirmara que la tierra solo existe hasta el horizonte y que más allá del horizonte hay algo totalmente distinto de ella, probablemente se cuestionaría la cordura de esa persona.

Del mismo modo, el idealista analítico examina todo aquello a lo que tiene acceso directo y solo encuentra *estados experienciales*, es decir, *mentales*. Al fin y al cabo, siempre estamos encerrados en la mente. Cualquier cosa supuestamente no mental, en la medida en que podemos acceder a ella, es *forzosamente* una abstracción mental de nuestra propia mente. El conocimiento en sí es un conjunto de estados experienciales. Para expresarlo en el lenguaje de nuestra analogía, todo lo que podemos ver hasta el horizonte de la experiencia personal es, bueno, *experiencia*.

Sin embargo, es obvio para el idealista analítico —como lo es para el fisicalista— que hay un mundo ahí fuera, más allá de su mente individual; un mundo *más allá del horizonte*, por así decirlo. Sin embargo, puesto que todo lo que puede ver hasta el horizonte son estados experienciales, al idealista analítico le parece claramente razonable deducir que, más allá del horizonte, solo hay *más estados experienciales*, es decir, estados experienciales *trans*personales más allá de nuestra actividad mental personal. Y por eso, para el idealista analítico, existe realmente un mundo ahí fuera, independiente de nuestras propias mentes, aunque sigue siendo un mundo *mental* o *experiencial*, términos que empleo indistintamente.

Que los estados más allá de nuestra propia mente también puedan ser mentales es algo trivial: *mis* pensamientos son mentales y, sin embargo, externos a *tu* mente. No puedes acceder a ellos directamente. Mis pensamientos seguirían existiendo, aunque tú no estuvieras ahí leyendo este libro, y mis pensamientos no cambiarán simplemente porque tú desees o fantasees que sean diferentes. Exactamente del mismo modo, para el idealista analítico la naturaleza está constituida por estados experienciales externos a su propia mente, a los que el idealista analítico no puede acceder desde una perspectiva de primera persona, que no dejarán de existir cuando el idealista analítico no los esté observando, y que no cambiarán simplemente por los deseos o fantasías del idealista analítico.

Por el contrario, cuando el fisicalista especula sobre lo que se encuentra más allá del horizonte de la experiencia personal y directa cree que será algo que no sea conmesurable con los estados experienciales que puede «ver» hasta el horizonte. Expresado de otra forma, todo es tierra hasta el horizonte, pero algo totalmente distinto de la tierra más allá del horizonte. El fisicalista confunde la existencia bastante obvia de un mundo más allá de las mentes *personales* con la existencia de un mundo *no mental*, un completo *non sequitur* (pomposa jerga técnica usada para designar disparates y bobadas).

De acuerdo con el idealismo analítico, los estados experienciales externos que constituyen el mundo exterior se presentan a nuestra observación en forma de lo que coloquialmente llamamos mundo «físico» o «materia», es decir, el contenido de la percepción, las cosas que vemos, oímos, olemos, saboreamos y tocamos. El mundo «físico» no es más que una representación, en nuestro panel de instrumentos interno, de los estados del mundo *real* externo de ahí fuera, que surgen al medir —es decir, observar— los estados mentales de este último con nuestros sensores: los ojos, los oídos, la lengua, la nariz y la piel. Al igual que un avión representa el resultado de sus sensores en forma de indicaciones en los dispositivos de medición del panel de instrumentos, nosotros representamos el resultado de nuestros sensores en forma del mundo «físico» que aparece en la pantalla de la percepción. Lo que coloquialmente llamamos «materia» no es más que una representación cognitiva interna de los resultados de las mediciones realizadas sobre estados mentales. En otras palabras, la *«materia» es el aspecto que adoptan los estados mentales cuando se observan desde una perspectiva externa.* Y eso es todo, en *todos* los casos, sin excepción.

Ahora bien, dado que nuestros estados perceptivos internos —de nuevo, los colores que vemos, las melodías que oímos, los sabores que degustamos, etc.— son también experienciales o mentales, toda la naturaleza es mental: los estados perceptivos son representaciones *mentales* de estados igualmente *mentales*, y no hay otros tipos de estado. Todo lo que hay es actividad mental o experiencia. Los estados perceptivos internos nos proporcionan información sobre los estados externos del mundo porque están *modulados por* esos estados externos. Y que algunos estados mentales pueden modular causalmente otros estados mentales cualitativamente distintos es algo trivial y conocido por todos nosotros: nuestros pensamientos, a pesar de ser cualitativamente distinguibles de nuestras emociones, modulan regularmente nuestras emociones y viceversa. Piensa en la última vez que unas emociones negativas te acarrearon pensamientos pesimistas o que unos pensamientos pesimistas te produjeron emociones temerosas. Así funciona la percepción: es un proceso *mental* que permite que estados *mentales* externos modulen estados *mentales* internos. Solo hay actividad mental en toda la naturaleza, sin excepción. (Llegados a este punto, deben estar surgiendo en tu mente todo tipo de preguntas y presuntas excepciones. Ten un poco más de paciencia, pues después de muchos años hablando con la gente sobre este tema, lo más probable es que haya anticipado tus dudas y las aclare más adelante, en este capítulo o en el siguiente).

Pero, entonces, ¿qué es el cuerpo «físico» que surge de la percepción? ¿Qué son los ojos, los oídos, la lengua, la nariz y la piel «físicos» que parecen permitirnos percibir el mundo? ¿Y qué es el cerebro, ese órgano «físico» tan estrechamente asociado a nuestra capacidad de pensar y sentir?

Según el idealismo analítico, la «materia» —*toda* la «materia» sin excepción— es lo que los estados mentales *parecen* cuando se observan desde una perspectiva externa. En otras palabras, la «materia» es una *representación* mental de otros estados mentales. Esto también se aplica a la totalidad de nuestro cuerpo «material»: el cuerpo es lo que nuestra actividad mental —incluyendo la infinidad de procesos mentales sutiles por debajo del umbral de la introspección metacognitiva— *parece* cuando se representa en forma de estados perceptivos, a través del mecanismo de modulación expuesto anteriormente. El cuerpo también es una representación mental de (nuestros propios) estados mentales. En un lenguaje más tradicional, el cuerpo es la *imagen* del «alma» (psique, mente). Es la apariencia que adopta el «alma» cuando se mide desde el exterior y se representa en un panel de instrumentos.

Ahora bien, más concretamente, nuestros órganos sensoriales «materiales» —ojos, oídos, nariz, lengua, piel— son el aspecto que adopta el subconjunto de nuestros procesos mentales *dedicados a recopilar información sobre el mundo* cuando se representa en un panel de instrumentos. Como dijo Arthur Schopenhauer de forma tan evocadora hace más de dos siglos, nuestros ojos son la representación —la imagen, la apariencia— de nuestra *voluntad de ver*; nuestros oídos, la representación de nuestra *voluntad de oír*, y así sucesivamente. En términos más generales, nuestros órganos sensoriales son la apariencia que adopta nuestra *voluntad de percibir*, cuando esta voluntad se observa y luego se representa en nuestro panel de instrumentos interno. (Lo que aquí se entiende por «voluntad» no es, por supuesto, nuestra volición deliberada cotidiana, sino algo mucho más profundo, instintivo, no ponderado, espontáneo hasta el punto de ser automático e inevitable).

De hecho, si se piensa en ello sin prejuicios metafísicos, parece totalmente evidente que nuestro cuerpo «material» es lo que *nosotros* —es decir, nuestras experiencias internas, lo único con lo que nos identificamos preteóricamente— parecemos cuando se nos observa desde el exterior. Permítame repetirlo para que se entienda su simplicidad: *el cuerpo vivo es el aspecto que adopta nuestra vida mental interior cuando se observa desde una perspectiva externa*, es decir, nuestro cuerpo es la apariencia que tenemos desde fuera. Dicho así, es tan evidente que resulta embarazoso tener que argumentarlo.

Además, dado que nuestro cuerpo está formado por el mismo tipo de partículas fundamentales o, más exactamente, de campos, que el resto del universo, es lógico que el resto del universo también sea el aspecto que adoptan los estados de experiencia interna cuando se observan desde el exterior. La materia es la apariencia extrínseca de la actividad mental, *tanto* en el caso de la materia que forma un cuerpo *como* de la materia que forma el universo inanimado en su conjunto. ¿Podrían ser las cosas más sencillas y coherentes?

Pero lo que acabamos de decir presupone una especie de límite que separa el interior (nuestra actividad mental personal) del exterior (el mundo en general). Debido a este límite podemos hablar de un mundo *exterior* en relación con nuestra vida consciente *interior*. Sin él, el interior y el exterior serían el mismo espacio cognitivo. Incluso la noción de una representación en un panel de instrumentos presupone un límite: los sensores miden los estados *externos* y muestran los resultados en el panel de instrumentos *interno*. Un avión se distingue del cielo por el límite de su armazón de aluminio. Por tanto, si todo en la naturaleza es mental —experiencial, cualitativo—, tiene que haber *límites cognitivos* en el espacio mental de la naturaleza que circunscriban cada una de nuestras vidas mentales internas, que *nos* definan como agentes mentales individuales distintos del mundo que nos rodea.

El hecho de que nuestras vidas mentales personales sean *privadas* implica directamente que existen tales límites: yo no puedo leer tus pensamientos y es de suponer que tú tampoco puedes leer los míos. Tampoco sé lo que está pasando en China en este momento, y mucho menos en la galaxia de Andrómeda. Existe como mínimo un límite cognitivo que me separa de China y de la galaxia de Andrómeda. En términos más generales, mi cognición está claramente separada de la naturaleza en general y solo puede adquirir conocimientos sobre esta última en la medida en que dichos conocimientos se transmitan y estén mediados por la percepción. Mi mente *individual* no es coextensiva con la mente de la naturaleza en general, sino que constituye simplemente un subconjunto de ella definido por un límite cognitivo de algún tipo. Es este límite el que crea el impulso evolutivo —en el sentido darwiniano— para los órganos de los sentidos y el panel de instrumentos interno que llamamos nuestra «pantalla de percepción». Sin los límites, no *percibiríamos* el mundo, sino que *seríamos* el mundo y lo experimentaríamos directamente, desde una perspectiva de primera persona.

A primera vista, sin embargo, el espacio mental parece carecer de límites: puedo acceder sin problemas a mis recuerdos, pensamientos, emociones, fantasías, ideas, etc., como si todos estos contenidos mentales formaran parte de una base de datos unitaria. No necesito abrir puertas cognitivas ni atravesar muros cognitivos para acceder a ellos. Pero las apariencias engañan.

Imagina que tienes problemas de pareja en casa. Estos problemas te están afectando mucho y te impiden funcionar con normalidad. Estás preocupado, triste, angustiado, asustado, decepcionado, enfadado, etc., todo lo cual perturba el buen funcionamiento de tu mente. De modo que cuando vas a trabajar por la mañana, «aparcas» tus problemas —los apartas de tu mente, los metes en un «cajón»— para poder ser productivo. Este «aparcamiento» de una parte de tu vida interior mental *es* la creación de un muro cognitivo dentro de tu mente. En psiquiatría se denomina «disociación».

No solo experimentas disociación cuando aparcas los problemas, sino también cuando te olvidas de algo que posteriormente recuerdas, y cuando experimentas disonancia cognitiva (es decir, mantener al mismo tiempo dos creencias sinceras, pero mutuamente contradictorias). La disociación es muy común y la mayoría de las veces no resulta patológica. A menudo es incluso un mecanismo de defensa psicológico útil. Aquellos de nosotros que sufrimos traumas infantiles, por ejemplo, empleamos mecanismos disociativos de forma espontánea para protegernos de los recuerdos traumáticos. «Compartimentamos» nuestra vida interior consciente.

La cuestión es que toda disociación implica un *límite cognitivo* en el espacio mental, que es exactamente lo que buscábamos antes. Las creencias mutuamente contradictorias pueden mantenerse de forma simultánea en la misma mente porque, dentro de esa mente, las creencias están separadas por un límite disociativo. Lo que intentabas recordar el otro día sin éxito estaba oculto tras un límite cognitivo dentro de tu mente. A veces, este límite es muy poroso, permeable y está en gran medida bajo el control de nuestra voluntad intencional, como cuando conseguimos recordar algo o aparcar nuestros problemas de pareja. Pero otras veces el límite es tan opaco y autónomo que nuestro propio sentido de agencia individual —junto con ciertos rasgos de carácter, recuerdos específicos, particularidades, etc.— se divide en múltiples centros de conciencia inconexos. Cuando esto ocurre, hablamos de una forma extrema de disociación denominada trastorno de identidad disociativo o TID.

Las personas con TID presentan múltiples «*alters*» o «personalidades alternativas». Cada *alter* suele considerarse a sí mismo como un agente consciente distinto, con su propia voluntad y vida interior, separado de los otros *alters* y de la personalidad principal. Los *alters* pueden alternarse al tomar el control ejecutivo del cuerpo. A menudo, adoptan nombres únicos y también pueden afirmar tener una edad y un sexo diferentes de los de la personalidad principal. Algunas veces son conscientes de la existencia de otros *alters*, pero otras no. Existe evidencia clínica significativa de que diferentes *alters* pueden ser conscientes *al mismo tiempo*: pueden gastarse bromas y desautorizarse mutuamente, participar en los mismos sueños a la vez (exploraremos esto con más detalle en breve) y, a veces, afirman ser conscientes de los pensamientos, planes o conductas de otros *alters* a medida que se despliegan esos pensamientos, planes o conductas [véase, por ejemplo, el libro *First Person Plural: Multiple Personality and the Philosophy of Mind* (Primera persona del plural: personalidad múltiple y la filosofía de la mente), de Stephen Braude, Routledge, 1995].

Técnicamente, cada *alter* es un segmento de la mente de la personalidad principal tan disociado del resto que adquiere su propio punto de vista y sentido de identidad. Como tal, cada *alter* se convierte en un centro de conciencia distinto dentro de lo que, por lo demás, es un único espacio mental. Los límites disociativos que separan a los *alters* entre sí son, por tanto, límites cognitivos, no físicos o extendidos. Los *alters* se definen por el aislamiento cognitivo, no por la separación física en el espacio-tiempo.

Entendamos o no los mecanismos de la disociación, es un hecho empírico establecido que la disociación tiene lugar en la naturaleza y crea límites dentro del espacio mental. El idealismo analítico aprovecha esta realidad empírica para inferir que un *proceso disociativo* crea el límite que separa nuestra vida interior consciente del resto de la naturaleza. En otras palabras, según el idealismo analítico, *todos somos procesos disociativos —«alters»— en la mente única de la naturaleza.*

La idea es que la naturaleza en general —que es una mente— experimenta un proceso análogo al TID humano. Al igual que los pacientes de TID presentan centros de conciencia aparentemente inconexos llamados *«alters»*, la naturaleza también presenta múltiples centros de conciencia inconexos a los que llamamos *«nosotros»*. Por analogía, nosotros —y todos los demás seres vivos— somos *alters* de la naturaleza en general.

Dedica unos momentos a reflexionar sobre esto antes de reanudar la lectura, para que puedas ir familiarizándote con esta idea fundamental en la que se basa el idealismo analítico.

A continuación, replantearé mi argumentación desde la perspectiva del campo, lo que encaja perfectamente con la noción de disociación mencionada anteriormente. En primer lugar, en los tres párrafos siguientes, haré esto de forma breve y bastante intensa, para dar una idea general y dejar claro cómo encaja todo. Posteriormente, sin embargo, repetiré todo mucho más despacio, de modo que podamos explorar más a fondo los detalles e intuiciones subyacentes, así como esclarecer lo que no haya quedado claro al principio.

La física moderna espera poder construir un modelo teórico y predecir algún día el comportamiento de la naturaleza con un único campo cuántico, en lugar de los varios campos que se postulan actualmente en la QFT. Este esfuerzo se conoce con el nombre de «teorías de gran unificación» y hay buenas razones para creer que acabará triunfando. Cuando lo haga, habrá un *único* campo cuántico. De acuerdo con el idealismo analítico, este único campo resultante es, en última instancia, un *campo de subjetividad, cuyos patrones concretos de excitación —«ondulaciones»— son estados experienciales concretos.* (En sentido estricto, el campo unificado de la física, en la medida en que es extendido, será simplemente una representación del sujeto único que es la naturaleza en un panel de instrumentos. Pero dado que todo nuestro modo de pensar se basa en el paradigma del panel de instrumentos, en contraposición con la realidad, resulta más fácil fingir que el sujeto es extendido y, por tanto, puede equipararse al campo unificado de la física). El campo único de las teorías de gran unificación es el modelo teórico con el que acabaremos explicando la mente de la naturaleza. Las experiencias se describirán como excitaciones del campo. Como tal, podremos sostener que en cierto sentido el campo *es* la mente de la naturaleza.

Ahora bien, dentro de este único campo, la disociación se produce de forma natural y espontánea, al igual que ocurre de forma natural y espontánea en la mente de un ser humano. El resultado, bueno, somos *nosotros* y todos los demás seres vivos. De acuerdo con el idealismo analítico, *la vida es el aspecto que adopta la disociación en el campo único de subjetividad que es la naturaleza,* cuando dicha disociación se observa desde una perspectiva externa y se representa en los dispositivos de medición de un panel de instrumentos cognitivo.

Dado que aquello que la psiquiatría denomina TID solamente sucede dentro de las mentes de los *humanos,* el idealismo analítico *extrapola* la disociación «hacia arriba», hacia el siguiente nivel en la jerarquía del ser, e infiere que no solo ocurre en las mentes humanas, sino también en el espacio mental más amplio semejante a un campo de la naturaleza en general. Según el idealismo analítico, el TID humano no es más que un microrreflejo autosimilar y jerárquicamente inclusivo, en una mente humana, de un macroproceso más amplio que se desarrolla de forma espontánea en el campo único de subjetividad que *es* la naturaleza.

Me doy cuenta de que ha sido mucha información para asimilar de una vez. Repasémosla de nuevo, esta vez más despacio.

Bajo el idealismo analítico, la naturaleza *es* un campo de subjetividad sin límites espaciales. Ese campo único, que corresponde al campo unificado de la física, es todo lo que existe, ha existido y existirá. Los estados experienciales particulares no son más que *patrones* particulares *de excitación*, u «ondulaciones», de este sujeto único natural. Cada patrón diferente de excitación es, por tanto, un estado experiencial perceptible y mensurable. Así es como la insondable variedad y complejidad de los estados naturales se explica en función de la simplicidad de *un* campo de subjetividad: al igual que una sola cuerda de guitarra puede oscilar de manera distinta para producir muchas notas diferentes, el sujeto único de la naturaleza puede «oscilar» de diversas formas para producir lo que se representa en nuestro panel de instrumentos cognitivo como agujeros negros, cuásares, púlsares, nebulosas, galaxias, estrellas, planetas, lunas, montañas, volcanes, océanos, etc.

El movimiento inferencial que empleo aquí es totalmente análogo al que usan los físicos para explicar la complejidad en términos de campos simples. No hay nada nuevo o extraño en la línea de pensamiento que estoy desarrollando, al contrario: es un movimiento que ha demostrado ser extraordinariamente productivo en la ciencia desde que Michael Faraday propuso los campos electromagnéticos en el siglo XIX.

Ahora bien, además de «generar ondulaciones», el campo de subjetividad único que es la naturaleza también puede formar «remolinos»: puede configurarse de forma espontánea para formar patrones de excitación muy localizados que giran sobre sí mismos y se vuelven aparentemente distintos de su entorno. Así es como podemos visualizar una disociación en un campo: un *alter* concreto en la mente de la naturaleza se asemeja a un «remolino» en el «río» de la actividad mental natural.

Cuando encontramos un remolino en un río, podemos señalarlo y decir: «¡Ahí hay un remolino!». Podemos determinar con precisión su ubicación y definir sus límites. Sin embargo, el remolino no es más que el río en movimiento. El remolino no es una cosa, sino una acción del río, razón por la cual no podemos sacar el remolino del río y llevarlo a casa. Del mismo modo, un *alter* de la mente de la naturaleza no es más que, bueno, la mente de la naturaleza. El *alter* no es una cosa, sino una *acción* de la naturaleza, y este tipo particular de acción es lo que llamamos un *proceso disociativo*. Sin embargo, podemos señalar un *alter* de la naturaleza y decir: «¡Ahí hay una persona!». Podemos determinar con precisión su ubicación y definir sus límites, igual que un remolino en un río.

Como tal, la única entidad natural irreductible desde la perspectiva del idealismo analítico es el campo único de subjetividad que es la naturaleza. Todo lo demás son las configuraciones y patrones de excitación de este campo único, que, por ser meros *comportamientos* del campo, son todos reducibles al campo. Solo existe el campo, del mismo modo que no hay nada en las ondulaciones y remolinos más que el agua que forma ondas y gira. El idealismo analítico no solo es la metafísica más parsimoniosa que existe, sino también la más parsimoniosa *que puede existir*, ya que cualquier teoría de la realidad coherente tiene que proponer al menos *una* entidad irreductible. Y cuando esa entidad es el único hecho *reconocido* empírico de la naturaleza —es decir, la propia subjetividad, que es donde se despliega toda teorización—, esa teoría es de este modo la más parsimoniosa posible, ya que no postula nada más allá del único hecho *reconocido* de la realidad: la existencia de la subjetividad.

Cuando el idealista analítico habla de un campo de subjetividad «subyacente en la materia», ello no debe interpretarse en el sentido de que se proponen dos entidades irreductibles (a saber, el campo de subjetividad *y* la materia). Hacerlo es un malentendido poco caritativo y bastante grave del que, por desgracia, se sabe que incluso son responsables filósofos profesionales y profesores universitarios. Hay que recordar que el idealista analítico no se comunica con la cultura en general con el mismo rigor conceptual estrecho con el que se escriben los artículos académicos. Por «materia subyacente», el idealista analítico quiere decir que lo que llamamos «materia» no es más que una *apariencia* o *representación* perceptible, en un panel de instrumentos cognitivo interno, de patrones de excitación del campo de subjetividad. *Solo existe el campo de subjetividad*, incluso las representaciones internas son en sí mismas patrones de excitación de ese campo único, ya que una alteración sigue siendo un segmento del campo, del mismo modo que un remolino sigue siendo un segmento del río.

También debe evitarse esta otra trampa terminológica: cuando el idealista analítico afirma que la experiencia es fundamental, lo que quiere decir es que el *campo único de subjetividad* es fundamental, ya que las experiencias no son más que excitaciones del campo, no habiendo nada en la experiencia más que el campo (igual que no hay nada en una ondulación más que el río). Es en este sentido que el idealista analítico puede usar los términos «experiencia», «actividad mental», «mente», «subjetividad» y «sujeto» indistintamente: en todos los casos, no hay nada más que el sujeto (o la mente, el campo, como uno). El idealista analítico no diferencia la experiencia del experimentador. *Solo* existe el experimentador universal, y todas las experiencias no son más que patrones de excitación *del* experimentador universal.

Veamos ahora más detenidamente cómo funciona la percepción según el modelo que acabo de esbozar. Cada *alter* en la mente de la naturaleza —es decir, cada organismo vivo— está definido por su respectivo límite disociativo. Los estados experienciales *dentro* del límite disociativo constituyen la vida interior privada y consciente del *alter*. Los estados experienciales *fuera* del límite disociativo comprenden los estados experienciales transpersonales que constituyen el mundo externo del *alter*. Pero estos estados externos aún pueden *impactar* con el límite disociativo desde fuera hacia dentro. Pueden «chocar» con el límite, por así decirlo, influyendo de este modo en la dinámica de los estados experienciales internos del *alter*.

Para ver cómo funciona esto, volvamos a la analogía de «aparcar» tus problemas de pareja cuando vas a trabajar por la mañana. Observa que, mientras estás en el trabajo, aunque los estados emocionales perturbadores que has aparcado no son experimentados por tu ego, inciden en su funcionamiento: pueden teñir tu pensamiento de negatividad, llevándote a evaluar las situaciones de forma más pesimista. Pueden ponerte de mal humor, haciendo que reacciones de forma poco amistosa ante las interacciones sociales. Pueden sesgar tus asociaciones cognitivas y el acceso a la memoria; etc. Lo que esto demuestra es que, incluso cuando ciertas experiencias están disociadas del ego ejecutivo —en el sentido de que no son experimentadas por el ego—, pueden influir, «desde fuera», en lo que el ego experimenta. A esta influencia causal, que se extiende a través de un límite disociativo, la llamaré un «impacto».

En el idealismo analítico, como ya hemos mencionado anteriormente, lo que llamamos vida —biología, metabolismo— no es más que la apariencia extrínseca de un proceso disociativo en el campo de subjetividad que es la naturaleza, una representación de la disociación en un panel de instrumentos. La ciencia nos dice que la vida surgió en una forma simple, probablemente parecida a un procariota o un arqueón (organismos unicelulares similares a las bacterias), hace unos cuatro mil millones de años. La característica que define a los organismos unicelulares es la membrana celular que los separa de su entorno. Según el idealismo analítico, esa membrana es el aspecto que adopta el límite disociativo del organismo cuando se observa y representa en un panel de instrumentos. Equipados únicamente con esta membrana como medio para interactuar con su entorno, los primeros organismos vivos solo podían obtener información de su entorno de una forma muy vaga y rudimentaria, ya que carecían de órganos sensoriales especializados. Lo único que podían percibir al otro lado de su límite disociativo eran los estímulos que entraban en contacto con su membrana, de forma parecida al tacto o al gusto, pero mucho menos claros y detallados. Con el tiempo se desarrollaron los órganos de los sentidos, que podían sintonizar, captar y amplificar estos estímulos para transmitir una imagen más detallada del entorno circundante.

Permíteme ahora volver a contar esta misma historia, pero esta vez *no* en el lenguaje de las representaciones del panel de instrumentos —es decir, el lenguaje del mundo «físico» de las células y las membranas—, sino en el lenguaje de la *realidad*, de la cosa en sí —es decir, los *alters* y los límites disociativos—. Los primeros *alters* tenían estados experienciales internos muy poco modulados por los estados externos. Considéralo como el impacto de tus emociones aparcadas mientras trabajas: aunque real y perceptible, también es muy limitado y poco claro. Solo proporciona un indicio de lo que estás reprimiendo, no una imagen nítida de ello. Esto es comparable al hecho de que los fotones o las ondas de presión en el aire que chocan contra la piel de tu mano, a pesar de transmitirle una energía mensurable, apenas se registran en tu vida interior consciente.

Pero lo maravilloso de la evolución es que, si se le da el tiempo suficiente, encuentra formas de identificar, aislar y amplificar la afluencia de cualquier información ambiental que favorezca la supervivencia, incluso la más leve. Y así fue como la vida empezó a formar tejidos y sistemas dedicados a distinguir y sintonizarse con esos estímulos de impacto extremadamente sutiles, ya que transmiten información útil. Cuando los fotones chocan contra la *retina* —en lugar de contra la piel de la mano o la membrana de un organismo unicelular—, la misma energía se distingue y amplifica y, por tanto, se experimenta de una forma mucho más rica y detallada: la visión. Del mismo modo, cuando las ondas de presión en el aire chocan contra los tímpanos, la misma energía se distingue y amplifica y, por tanto, se experimenta de una forma mucho más rica y detallada: la audición.

Tus emociones aparcadas no transmiten mucha información perceptible cuando impactan en tu ego porque no has evolucionado para identificarlas. No hay ventaja de supervivencia en recopilar información detallada sobre procesos disociados de tu ego precisamente para que puedas ser *más funcional*. Pero cuando esos procesos mentales constituyen el mundo que te rodea, resulta extraordinariamente útil sintonizar con su impacto. La percepción es el resultado de esta presión evolutiva: nuestra necesidad de distinguir los impactos, por lo demás débiles y vagos, en nuestro límite disociativo.

La percepción nos proporciona una visión general del entorno experiencial que nos rodea de una forma codificada que no solo reduce nuestra entropía interna, sino que también pone de relieve lo más destacado del mundo, de modo que podamos reaccionar más rápidamente frente a los retos y oportunidades ambientales. De hecho, esta es la razón por la que los estados perceptivos son tan *cualitativamente diferentes* de las experiencias endógenas como los pensamientos y las emociones. Si recopiláramos información sobre nuestro entorno de una manera cualitativamente similar al entorno tal como es en sí mismo seríamos como diestros telépatas en medio de una multitud agitada: no habría sensación de visión de conjunto, solo confusión. Pero cuando contemplamos esa multitud a través de la visión y el oído «físicos», tenemos una visión de conjunto inmediata de lo que ocurre, lo que nos permite reaccionar con mayor prontitud y eficacia ante los retos y las oportunidades.

Esta es, en pocas palabras, la explicación de la percepción de acuerdo con el idealismo analítico que evita por completo el «difícil problema de la conciencia»: las cualidades de la percepción son moduladas por *otras* cualidades —a saber, los estados experienciales que constituyen el mundo que nos rodea—, en lugar de ser generadas de algún modo por cosas físicas no cualitativas. Ya no es necesario un puente mágico que permita pasar de las cantidades a las cualidades, sino uno causalmente trivial mediante el cual se pasa de unas cualidades a *otras* cualidades.

Si eres un lector crítico, a estas alturas del libro ya tendrás una lista de preguntas y puntos que han suscitado tu escepticismo durante mi exposición. A continuación, trataremos de abordar algunos de ellos.

He venido sosteniendo que los organismos vivos no son más que *apariencias extrínsecas, representaciones* de procesos disociativos en la naturaleza en general. Pero dado que mi argumentación se basa en una analogía con el TID, esto plantea una cuestión: ¿los procesos disociativos en la mente de un paciente con TID también tienen apariencias extrínsecas? ¿Se parecen a algo cuando se escanea el cerebro del paciente?

Yolanda Schlumpf y su equipo en los Países Bajos [véase «Dissociative part-dependent resting-state activity in Dissociative Identity Disorder: A controlled fMRI perfusion study» (Actividad en estado de reposo dependiente de la parte disociativa en el trastorno de identidad disociativo: un estudio controlado de fMRI de perfusión), publicado en *PLoS ONE*, 2014] realizaron escáneres cerebrales funcionales tanto a pacientes con TID como a actores que simulaban el TID. Los escáneres de los pacientes reales mostraban claras diferencias en comparación con los de los actores, lo que demuestra que la disociación tiene, en efecto, una apariencia extrínseca identificable. Expresado de otra forma, los procesos disociativos tienen una *apariencia* externa bastante concreta. Esto corrobora la noción de que los organismos vivos, como tú y yo, son el aspecto que adoptan los procesos disociativos en la naturaleza en general. Los cuerpos en los que se produce un proceso metabólico son para la disociación en la naturaleza en general lo que ciertos patrones de actividad cerebral son para los pacientes con TID. Solo que, en el caso de la naturaleza, no necesitamos escáneres cerebrales, puesto que el «cerebro» en cuestión —es decir, la representación del espacio mental en cuestión en el panel de instrumentos— es el universo en el que ya estamos inmersos.

Esto plantea de inmediato otro interrogante: si los procesos disociativos de un paciente con TID se desarrollan dentro de un cerebro, ¿por qué el universo «físico» en el que se despliega la vida —también un proceso disociativo— no se parece en nada a un cerebro?

¿De verdad que *no* lo hace?

Resulta que la topología de red del universo en sus escalas más grandes sí se parece a la de un cerebro, tanto es así que el astrofísico Franco Vazza y el neurocientífico Alberto Feletti consideraron la similitud «verdaderamente notable» y «sorprendente» [véase «The strange similarity of neuron and galaxy networks: Your life's memories could, in principle, be stored in the universe's structure» (La extraña similitud entre las redes de neuronas y galaxias: tus recuerdos vitales podrían, en principio, estar almacenados en la estructura del universo), publicado en *Nautilus*, el 20 de julio de 2017]. Dicen:

> «Que la red cósmica se parezca más al cerebro humano que al interior de una galaxia, o que la red neuronal se parezca más a la red cósmica que al interior de un cuerpo neuronal es un hecho realmente excepcional. A pesar de las extraordinarias diferencias de sustrato, mecanismos físicos y tamaño, la red neuronal humana y la red cósmica de galaxias, cuando se observan con las herramientas de la teoría de la información, resultan sorprendentemente similares».

Ahora bien, por supuesto que la red cósmica y un cerebro orgánico no son idénticos; como admiten Vazza y Feletti, hay diferencias obvias de escala, composición y función. Pero esto no debería sorprendernos: la disociación en el nivel de la naturaleza en general *no es* idéntica al TID humano, por razones igualmente obvias. Se postula que ambos procesos son bastante *análogos*. Y esa fuerte analogía es compatible con la fuerte similitud topológica entre la red cósmica de galaxias y el cerebro orgánico. De hecho, este parecido topológico es totalmente incomprensible —no hay nada en las leyes físicas conocidas que pueda explicarla ni remotamente— sin el marco explicativo del idealismo analítico.

Pero los lectores verdaderamente críticos seguirán lejos de estar satisfechos. Objetarán que los *alters* en la mente de un ser humano con TID no pueden verse, tocarse o interactuar entre sí, del mismo modo que tú y yo podemos vernos y darnos la mano en el contexto más amplio del mundo que compartimos.

Pero, de nuevo, ¿es esto *realmente* cierto?

Para responder a esta pregunta, lo primero que debemos recordar es que, a diferencia del caso de un humano con TID, no existe un mundo exterior desde el punto de vista de la naturaleza en general. Al fin y al cabo, esta última es lo único que existe. Por tanto, para establecer una comparación justa debemos comparar la vida interior experiencial de la naturaleza en general con la *vida onírica* de un ser humano, ya que solo entonces todos los estados experienciales se generan en ambos casos internamente, sin la influencia de un mundo exterior.

¿Qué sabemos pues sobre la vida onírica de un paciente humano con TID? ¿Pueden los diferentes *alters* del paciente compartir un sueño, adoptando diferentes puntos de vista co-conscientes dentro del sueño, igual que tú y yo compartimos un mundo? ¿Pueden percibir e interactuar unos con otros dentro de su sueño compartido, del mismo modo que las personas pueden percibir e interactuar unas con otras dentro de su entorno compartido? Resulta que en una gran minoría de pacientes con TID esto es precisamente lo que ocurre, como ha demostrado una investigación clínica realizada en la Universidad de Harvard [véase «Dreams in dissociative disorders» (Los sueños en los trastornos disociativos), de Deirdre Barrett, publicado en *Dreaming*, 1994]. He aquí un párrafo ilustrativo del informe sobre un sueño de uno de los sujetos estudiados:

> «La personalidad principal, Sarah, solo recordaba que su sueño de la noche anterior consistía en oír a una niña gritar pidiendo ayuda. El *alter* Annie, de cuatro años, recordaba una pesadilla en la que estaba atada desnuda y era incapaz de gritar mientras un hombre comenzaba a cortarle la vagina. Ann, de nueve años, soñó que veía esa escena y gritaba desesperadamente pidiendo ayuda (al parecer, era la voz en el sueño de la personalidad principal). La adolescente Jo soñó que se encontraba con esa escena y golpeaba al agresor de la niña en la cabeza con un garrote; en su sueño, él se desplomaba sin vida y ella se marchaba. En los sueños de Ann y Annie, aparecía la adolescente que derribaba al hombre al golpearlo con el garrote, pero este se levantaba y reanudaba su ataque. Sally, de cuatro años, soñó que jugaba feliz con sus muñecas y nada más. Tanto Annie como Ann hablaron de una niña pequeña que jugaba distraídamente en un rincón de la habitación en sus sueños. Aunque no había ningún *alter* identificado con el agresor que se manifestara en ese momento, la presencia en algunos momentos de una alucinación verbal similar a la del tío de Sarah sugería que podía haber otro *alter* que experimentara el sueño desde la perspectiva del agresor» (página 171).

Esto demuestra que, mientras sueña, una mente humana disociada puede manifestar múltiples *alters* conscientes simultáneos que comparten el sueño y se experimentan mutuamente desde perspectivas de segunda y tercera persona, del mismo modo que tú y yo podemos darnos la mano durante el estado de vigilia. Las experiencias de los *alters* también son congruentes entre sí, en el sentido de que todos los *alters* parecen percibir la misma serie de sucesos, cada uno desde su propio punto de vista individual. Las correspondencias con las experiencias de las personas que comparten un mundo «físico» exterior son evidentes: los *alters* en la mente de un ser humano no solo pueden verse unos a otros, ¡incluso pueden darse porrazos en la cabeza!

No obstante, tal vez sigas siendo escéptico respecto a que la disociación pueda ser tan fuerte como para cegarnos ante los pensamientos y sentimientos de los demás, dado que se supone que todos estamos —como sostiene el idealismo analítico— en el mismo espacio mental. Sí, los *alters* de un paciente humano con TID pueden no tener acceso a algunos de los recuerdos de la personalidad principal, pero nuestra situación parece ser de otro orden de magnitud. Estamos *muy* alejados de la vida interior de los demás, por no hablar de la vida interior de otras especies. La falta de empatía es quizá el mayor —y más peligroso— defecto de la humanidad. Siempre estamos ocupados librando guerras crueles y terriblemente destructivas entre nosotros y contra el planeta en su conjunto. ¿Puede ser *tan* profunda la disociación?

En 2015, unos médicos de Alemania [véase «Sight and blindness in the same person: Gating in the visual system» (Vista y ceguera en la misma persona: el filtrado sensorial en el sistema visual), de Hans Strasburger y Bruno Waldvogel, publicado en *PsyCh Journal*] informaron del extraordinario caso de una mujer que presentaba diversos *alters*. Curiosamente, algunos de ellos afirmaban ser ciegos. Con un electroencefalograma los médicos pudieron comprobar que cuando un *alter* ciego tomaba el control ejecutivo no se detectaba actividad en la corteza visual —la parte del cerebro asociada a la vista—, aunque la mujer tuviera los ojos bien abiertos. De forma sorprendente, cuando un *alter* vidente o la personalidad principal asumían el control, volvía a apreciarse la actividad habitual en la corteza visual.

Esto demuestra de forma convincente el poder *literalmente cegador* de la disociación. Si puede cegarte en sentido literal ante lo que tienes delante de tus ojos abiertos y sanos, ¿a qué *no podrá* cegarte? En este contexto, no es nada descabellado imaginar que la disociación nos ciega a los pensamientos de los demás y a lo que sucede en la galaxia de Andrómeda, infundiendo de este modo un sentido ilusorio y limitador de la identidad personal.

Así pues, nuestra comprensión empírica de la disociación muestra claramente que un proceso similar al TID a escala universal es, al menos en principio, una explicación viable de cómo surgen las mentes individuales —representadas como organismos vivos en el panel de instrumentos— dentro del campo de subjetividad único que es la naturaleza. Que se comprendan o no los mecanismos precisos de la disociación —algo sobre lo que especularé en un capítulo posterior— es solo una cuestión secundaria: sean cuales sean estos mecanismos, sabemos empíricamente que existen en la naturaleza y que producen precisamente los efectos que cabría esperar que produjeran, si la biología no es más que la apariencia extrínseca de los *alters* en la naturaleza en general.

Como ya se ha dicho, según el idealismo analítico, toda la «materia» es simplemente una representación de estados experienciales en un panel de instrumentos. Más concretamente, el cuerpo vivo, en la medida en que está «hecho de materia», es una representación de los estados experienciales que tienen lugar *dentro* de un *alter* de la naturaleza en general en un panel de instrumentos. Tú y yo somos ejemplos de tales *alters*. Por tanto, nuestros cuerpos son representaciones de nuestros estados experienciales disociados internos en el panel de instrumentos.

Pero esto parece plantear un problema: ¿qué estados experienciales representa, por ejemplo, el *hígado*? ¿O el dedo gordo del pie izquierdo? Resulta fácil aceptar que las partes activas del cerebro corresponden a las experiencias personales; de hecho, se denominan «correlatos neuronales de la conciencia». Pero es más difícil encontrar, mediante la introspección, una experiencia que se presente como tu fémur, tus riñones o tu apéndice, ¿no es así? Estamos acostumbrados a considerar el sistema nervioso como algo íntimamente asociado a nuestra vida interior consciente de algún modo, pero no sucede lo mismo con el resto del cuerpo. Sin embargo, según el idealismo analítico, *cada* parte del cuerpo representa estados experienciales, porque eso es lo que *es* el cuerpo: una representación «física» de los contenidos mentales de un *alter* en el panel de intrumentos.

Para entender esto, lo primero de lo que tenemos que darnos cuenta es que hay una gran diferencia entre tener una experiencia y poder *comunicarla* a los demás o a uno mismo. La capacidad de informar sobre una experiencia es una propiedad adicional que *se añade a* la propia experiencia, no está implícita en ella.

Por ejemplo: hemos hablado mucho de la disociación. También hemos presentado la hipótesis de una jerarquía autosimilar de disociación en la naturaleza. En un primer nivel de la jerarquía, el campo de subjetividad que es la naturaleza se disocia en seres vivos, como tú y yo. Pero tú y yo también podemos disociarnos —un segundo nivel de disociación— en los *alters* del TID. Y esos *alters* del TID pueden disociarse aún más —un tercer nivel— cuando olvidan algo, «aparcan» sus problemas o presentan estados de disonancia cognitiva.

Lo que intento decir es que las mentes humanas, incluso cuando no sufren formas patológicas de disociación como el TID, se disocian de forma natural en múltiples complejos mentales, el más destacado de los cuales es el siempre presente *ego* ejecutivo. Y el ego es el complejo que *comunica* la experiencia, a los demás y a sí mismo. Sin embargo, es obvio que no puede informar de las experiencias de otros complejos, ya que estas están, hipotéticamente, disociadas del ego y, por tanto, no son accesibles a él. Los estados mentales representados en un panel de intrumentos cognitivo en forma del hígado, los riñones, el apéndice y el dedo gordo del pie izquierdo están disociados del ego.

De hecho, no hay ninguna ventaja evolutiva —solo desventajas— en que el ego ejecutivo tenga acceso asociativo a los estados correspondientes a funciones *autónomas* como el ritmo cardíaco, el filtrado de la sangre, la digestión, el soporte estructural, etc. No requieren deliberación ni toma de decisiones —ya que, de todos modos, siempre deben funcionar— y es mejor dejarlos actuar de forma independiente. Para comprobarlo, intenta tomar el control egoico explícito de cada movimiento muscular que ejecutas mientras montas en bicicleta, a ver cuánto tardas en concluir que lo mejor es dejar esos movimientos musculares a su aire. Todo aquello de nosotros a lo que nos referimos como «automatismo» —ya sea un automatismo fisiológico, como la función renal, o una función que se ha automatizado gracias al entrenamiento, como montar en bicicleta— es un complejo mental disociado del ego ejecutivo hasta cierto punto.

Tú —es decir, tu ego— no puedes acceder a los estados mentales correspondientes a la mayoría de las funciones autónomas, porque están disociadas de ti de forma natural por construcción. Por eso no puedes encontrar introspectivamente las experiencias correspondientes a tu hígado o al dedo gordo del pie izquierdo. No se trata de una hipótesis descabellada, sino todo lo contrario: cualquier terapeuta sabe que la mayor parte de nuestra vida interior está efectivamente disociada de nuestro ego, siendo esta la razón por la que la gente a menudo necesita años de terapia para familiarizarse con *una parte* de lo que *realmente* está pensando, sintiendo y, en general, experimentando en todo momento.

Otra razón por la que la experiencia y la capacidad de informar no siempre van de la mano es que esta última requiere una función mental de nivel superior llamada *metacognición*. La metacognición es la capacidad de dirigir la atención de forma introspectiva a los contenidos de la propia mente, examinándolos, evaluándolos o prestándoles atención de forma explícita. Cuando hacemos esto *re-representamos* nuestros propios estados mentales: reflejamos la experiencia bruta en re-representaciones de nivel superior. Estas re-representaciones son también experiencias: el *conocimiento* experiencial *de* otra experiencia. Es esta re-representación —el conocimiento de otra experiencia— lo que nos contamos a nosotros mismos y a los demás cuando afirmamos que estamos experimentando esto, aquello o lo de más allá. Sin la re-representación, no es posible comunicar nada, ya que no sabemos *que* estamos experimentando.

Jonathan Schooler publicó un artículo fundamental en 2002 [véase «Re-representing consciousness: dissociations between experience and meta-consciousness» (Re-representar la conciencia: disociaciones entre experiencia y metaconciencia), publicado en *Trends in Cognitive Science*] en el que mostraba la distinción entre la experiencia bruta —o representación— y sus re-representaciones metacognitivas. Los contenidos de la conciencia que podemos comunicarnos a nosotros mismos corresponden a la *meta*conciencia —el subconjunto metacognitivo re-representado de la conciencia—, no a la conciencia básica.

Para comunicarnos una experiencia a nosotros mismos, *además de* tener esa experiencia, *también* hemos de re-representarla metacognitivamente. Solo entonces sabemos que estamos teniéndola. Por tanto, cuando una experiencia no se comunica, o bien no está ocurriendo o bien no se ha re-representado, ya que no podemos —o no vamos a— acceder a ella metacognitivamente. Por ejemplo, la mayoría de las veces no nos molestamos en re-representar la experiencia de respirar: la expansión y contracción de la caja torácica, el aire que entra y sale por las fosas nasales, etc. Sin embargo, experimentamos la respiración en todo momento. Además, algunas personas —sobre todo hombres, según mi experiencia— no re-representan las formas leves de dolor. Yo soy uno de ellos. Puedo pasar días sintiendo dolor, pero sin comunicármelo a mí mismo, es decir, sin saber *que* estoy sintiendo dolor. Si me preguntaras: «Bernardo, ¿te duele algo?», podría decirte con soltura —y sinceridad— que no, solo para darme cuenta retrospectivamente, días después, de que en realidad había estado sintiendo dolor durante bastante tiempo. Mi incapacidad para comunicarme mi propio dolor se explica por el hecho de que, a menudo, no re-represento mi dolor.

Incluso existen enfermedades en las que las experiencias a las que solemos aplicar la metacognición, como la visión, pueden quedar fuera del campo de la metaconciencia. La «visión ciega» es una de ellas. Las personas que padecen visión ciega afirman que no pueden ver, por ejemplo, el movimiento de una pelota, pero reaccionan ante ese movimiento como *si* lo vieran. Estas personas experimentan la visión de la pelota —como revela su conducta—, pero no pueden informar, ni a los demás ni a sí mismas, de *que* la experimentan. Tienen la experiencia de ver la pelota, pero no son conscientes de *que* la ven, debido a la falta de re-representación [véase, por ejemplo, «The source of consciousness» (La fuente de la conciencia), de Ken Paller y Satoru Suzuki, publicado en *Trends in Cognitive Sciences*, 2014].

Debido a la disociación interna y al alcance limitado de la metaconciencia, el ego no puede informar de la mayoría de nuestros estados mentales internos. Y por eso no podemos acceder de forma explícita a los estados correspondientes a nuestro hígado o dedo gordo del pie izquierdo: simplemente quedan fuera del alcance de la metaconciencia egoica, a pesar de ser estados experienciales, mentales, cualitativos, subjetivos. Los tan alabados NCC no son más que los correlatos neuronales de la metaconciencia egoica, no de la conciencia fenoménica en general. Todos los demás procesos neuronales siguen siendo fenoménicamente conscientes —o, más exactamente, *son conciencia*—, y también lo son los procesos no neuronales que constituyen el resto del cuerpo.

Antes de terminar este breve repaso, solo nos queda un punto por tratar. En el capítulo anterior critiqué al panpsiquismo por

añadir simplemente un elemento fundamental más a la base reductora del fisicalismo, en lugar de proporcionar una explicación.
Lo toma todo del fisicalismo y luego proclama: «Ah, y, por cierto,
la experiencia es solo una propiedad/esencia irreductible más
de la materia». Esto es un subterfugio para evitar la necesidad de
una explicación, no una explicación de nada.

No obstante, el idealismo analítico *también* considera que la
experiencia —es decir, las cualidades sentidas, la subjetividad,
la actividad mental— es irreductible. ¿No es esto también un
subterfugio para evitar la necesidad de una explicación? No. Y la
razón es que, a diferencia del panpsiquismo, el idealismo analítico *no* toma la base reductora —el conjunto de entidades irreductibles y fundamentales— que adopta el fisicalismo.

Dado que no podemos seguir explicando una cosa en función
de otra eternamente, todas las teorías de la realidad deben tener
al menos una entidad fundamental en su base reductora. Las mejores teorías son las que pueden explicar *todo lo demás* en relación
con esa única entidad irreductible. La *mejor* teoría elige como
única entidad irreductible el único dato preteórico de la naturaleza: la propia subjetividad, de la que la experiencia no es más
que una excitación. Al colocar la subjetividad transpersonal en la
base reductora, el idealismo analítico *elimina de ella todo lo demás*.
Prescinde de las partículas fundamentales y sus propiedades físicas, ya que estas partículas y sus propiedades asociadas pueden
explicarse ahora *en términos de* excitaciones de la subjetividad
transpersonal. No se trata solo de un movimiento explicativo eficaz, sino también del mejor movimiento explicativo posible.

El panpsiquismo, por otra parte, no elimina absolutamente
nada de la base reductora del fisicalismo y, lo que es peor, crea
una argumentación tergiversada del fisicalismo al presuponer
erróneamente que tropecientas partículas fundamentales separadas —pequeñas «canicas»— dispersas por el universo son todas
irreductibles (una comprensión adecuada del fisicalismo moderno implica «solamente» unos 17 campos cuánticos diferentes en

la base reductora). Por eso el panpsiquismo no explica *nada*: solo añade más «hechos brutos» a nuestra epistemología, sin dar sentido a nada. El idealismo analítico, por su parte, elimina *todo* lo que el fisicalismo ha añadido a la base reductora. Su poder explicativo es *máximo*: en principio, explica *todo* en términos de *una* sola entidad, siendo esa entidad el único dato empírico que tenemos.

Con esto concluimos esta visión general, breve pero bastante completa, del idealismo analítico. No obstante, dado que la perspectiva idealista es tan diferente de lo que te han contado o has absorbido por ósmosis cultural a lo largo de tu vida, deseo ayudarte a que te familiarices con ella poco a poco. Este es el propósito del próximo capítulo, que no introducirá ningún elemento nuevo en la historia que ya he contado, sino que te llevará de la mano mientras intentamos aplicar esta nueva comprensión a la interpretación de las innumerables facetas de la realidad empírica. Durante el proceso, es posible —seguramente lo haga— que también aborde otras preguntas o puntos que hayan suscitado tu escepticismo durante mi exposición.

CAPÍTULO 7

La circunvalación

L A «CIRCUNVALACIÓN» ES UN PODEROSO concepto junguiano. Circunvalar algo es rodearlo. En su sentido epistémico, significa abordar una teoría o idea desde múltiples perspectivas o ángulos diferentes, teniendo en cuenta tantas facetas como sea posible, cada vez bajo una «luz» diferente, por así decirlo. A diferencia del enfoque lineal tradicional, en el que un tema se trata sistemáticamente de principio a fin, sin repetición, la circunvalación implica múltiples retornos, una constante revisión de subtemas ya tratados, pero en un contexto diferente, en un orden distinto, desde un ángulo ligeramente diferente.

De hecho, te habrás dado cuenta de que, aunque en los capítulos anteriores predomina una estructura lineal, también he utilizado discretamente la circunvalación, retomando regularmente material ya tratado, pero en un contexto diferente cada vez. Incluso he llegado a insinuar la circunvalación en sí —sin definirla—, tratando de sembrar la idea en tu mente para darte tiempo a preguntarte sobre ella antes de abordarla más explícitamente. Cuando la teoría sobre la que se reflexiona trasgrede muchas de nuestras suposiciones más arraigadas —aunque no examinadas—, solo la circunvalación puede familiarizarnos con ella de una manera mínimamente exhaustiva y sin contradicciones. Eso es lo que vamos a hacer en este capítulo, pero esta vez de forma más explícita y casi sin estructura lineal.

Allá vamos.

Incluso si estás de acuerdo con las ideas presentadas en el capítulo precedente, de vez en cuando se te ocurrirán situaciones hipotéticas que aparentemente contradigan el idealismo analítico. La siguiente, por ejemplo, es bastante común: «Bernardo, entiendo que, según el idealismo analítico, la mente es fundamental. Pero cuando bebo un vaso de vino, algo cambia en mi conciencia. Y si te pincho el brazo con una aguja, algo sucede en tu conciencia. En ambos casos, una causa física produce un efecto mental, ¡así que claramente la mente es derivada, causada por algo físico!».

Aunque obvio, es posible que no identifiques el error implícito debido a nuestros hábitos de pensamiento profundamente arraigados: la noción de que una causa física produce un efecto mental presupone alguna forma de *dualismo*, la visión de que hay cosas físicas distintas de las mentales. Pero el idealismo analítico niega el dualismo. Todas las causas «físicas» —como el vaso de vino que te bebes y la aguja que pretendes clavarme en el brazo— son simplemente *representaciones de estados mentales en un panel de instrumentos*. En este caso concreto, los estados mentales en cuestión son estados *transpersonales* que están ahí fuera en el mundo, más allá de nuestro límite disociativo: el vino es el aspecto que adopta un conjunto transpersonal de estados mentales cuando lo observamos y representamos en nuestro panel de instrumentos interno. Igualmente, la aguja no es más que el aspecto que adopta un conjunto transpersonal de estados mentales cuando se observa desde el otro lado de nuestro límite disociativo. La «materia» —*toda* la «materia» sin excepción— no es más que la apariencia que adoptan los estados mentales desde el otro lado de un límite disociativo.

Cuando bebes el vino o te pinchas la piel con la aguja —dejemos *mi* piel fuera de esto—, introduces los estados mentales externos «subyacentes» en el vino y la aguja en tu *alter*, haciendo que crucen tu límite disociativo, los «absorbes», por así decirlo. Una vez dentro de tu *alter*, reaccionan causalmente con tus propios estados mentales internos, conduciendo a las experiencias de dolor y embriaguez. Ahora bien, que un proceso mental en tu *alter* pueda interferir otros procesos mentales también en tu *alter* es algo trivial: tus pensamientos interfieren tus emociones, y viceversa, todos los días, sin levantar ninguna ceja metafísica. ¿Es entonces contraintuitivo que, cuando introduces un proceso mental en tu *alter*, experimentes cambios mentales internos? La causalidad aquí se produce de lo mental a lo mental, no de lo físico a lo mental, pues todas las cosas aparentemente físicas son solo cosas «físicas».

Se nos ha adoctrinado para pensar que todo lo que aparece en la pantalla de la percepción son cosas físicas que no son mentales: bebidas, píldoras, agujas, bisturís, electrodos, etc. Pero esto no es más que un principio del fisicalismo, no un hecho empírico. Para comprender adecuadamente el idealismo analítico sin presuponer la conclusión para demostrar la premisa —estés o no de acuerdo en última instancia con el idealismo— debes desprenderte de este mal hábito. Es cierto que se necesita disciplina y tiempo para abandonarlo, pero es necesario hacerlo, porque según el idealismo analítico, todas las cosas «físicas» son solo apariencias, representaciones de estados mentales. Que las cosas «físicas» tengan efectos mentales solo significa que los procesos mentales «subyacentes» pueden interferir causalmente en otros procesos mentales, lo cual es algo trivial. Toda causalidad es un proceso que se produce de lo mental a lo mental, incluso cuando los estados mentales implicados están representados «físicamente».

«Si el mundo de ahí fuera es mental y está formado de cualidades, ¿esto significa que los colores que veo, los sabores que degusto, los olores que percibo, etc., están realmente ahí fuera en el mundo?».

No, no significa eso en absoluto. Las cualidades de tu percepción solo existen dentro del límite disociativo de tu *alter*. En otras palabras, están dentro de tu mente personal —aunque no en tu cabeza, como hemos argumentado antes—, pues son representaciones que se muestran en tu panel de instrumentos interno. Pero lo que representan también es mental, aunque no consista en las cualidades de tu percepción. Por ejemplo: el color rojo percibido de una manzana solo existe en la mente de un *alter* observador, no es externo. Pero el color rojo percibido representa *otra cualidad* —que no es en sí misma el color rojo— ahí fuera, en el mundo. Mientras estemos vivos, no podemos acceder directamente a esa cualidad externa, desde un punto de vista de primera persona, porque estamos disociados de ella. La vida *es* la disociación que nos separa de las cualidades del mundo exterior tal como son en sí mismas. Lo único que tenemos para recopilar información sobre nuestro entorno son las cualidades de la percepción, que son internas, pero representan cualidades externas, igual que un panel de instrumentos representa estados externos sin ser él mismo externo.

«Según este punto de vista, ¿qué son las partículas subatómicas elementales que detectamos en el mundo exterior?».

Las partículas elementales se asemejan a los «píxeles» *de la pantalla de la percepción,* no a los bloques de construcción fundamentales del mundo externo real. Las partículas —es decir, los «píxeles»— corresponden a las excitaciones más pequeñas del campo de subjetividad que nos rodea y que aún podemos distinguir a través de la percepción, potencialmente con el uso de instrumentos. Estos últimos —como los microscopios y los aceleradores de partículas— amplifican las excitaciones mentales que constituyen el mundo que nos rodea antes de presentárnoslas *a través de la percepción* (al fin y al cabo, debemos *percibir* los datos de los instrumentos para que sean de alguna utilidad). A veces ni siquiera necesitamos instrumentos para distinguir las excitaciones perceptibles de menor energía que impactan en nuestro límite disociativo: en las condiciones adecuadas, podemos, por ejemplo, ver fotones individuales que inciden en nuestra retina. Los fotones son de este modo los píxeles de la experiencia visual. Junto con otras partículas elementales definen la estructura de nuestro panel de instrumentos interno, es decir, el mundo «físico», y no la del mundo real externo. Esto es análogo a cómo los píxeles que constituyen mi imagen en la pantalla de tu teléfono definen la estructura *de la pantalla*, no la de Bernardo Kastrup.

«Pero cuando hablas de fotones que inciden en nuestra retina, estás reconociendo implícitamente que hay fotones físicos ahí fuera, ¡así como retinas físicas!».

No. Siempre hay dos maneras de hablar de cualquier cosa en la naturaleza, dos «lenguajes» diferentes: uno es el lenguaje de las *representaciones* (es decir, de las cosas tal como aparecen en la pantalla de la percepción) y el otro es el lenguaje de las *cosas en sí mismas* (es decir, el mundo *real*, las cosas tal como son «antes» de ser representadas o «detrás» de las representaciones). Cuando hablo de «fotones que inciden en nuestra retina», utilizo el lenguaje de las representaciones. En el lenguaje de las cosas en sí, podría haber dicho: «estados mentales externos cuando inciden en un segmento de un límite disociativo relacionado con la experiencia visual». Son dos formas alternativas de decir lo mismo. Una implica la otra.

Pero ¿por qué he elegido el lenguaje de las representaciones no solo arriba, sino también en diversos pasajes a lo largo de estas páginas? La razón es que nuestra cultura ha sido adoctrinada para pensar que el panel de instrumentos *es* el mundo, que las representaciones son la cosa representada. Por tanto, solo utilizamos el lenguaje de las representaciones, y todas nuestras referencias semánticas se basan en ese lenguaje. Si quiero ser entendido, debo apelar a nuestras referencias semánticas comunes, lo que a menudo me obliga a emplear el lenguaje de las representaciones. Sin embargo, esto no debe interpretarse como un reconocimiento de las premisas fisicalistas.

«No sé, Bernardo. La explicación fisicalista de la percepción encaja perfectamente. Los fotones llegan a la retina y los vemos, pero también pueden llegar a un fotodiodo y ser detectados e incluso contados por él. Las oscilaciones mensurables de la presión del aire pueden ser medidas por instrumentos diseñados para detectarlas —como los micrófonos—, pero también nosotros podemos oírlas, de forma totalmente coherente con las mediciones de los micrófonos. La explicación fisicalista de la percepción tiene sentido».

Lo anterior no tiene absolutamente *nada* que ver con el fisicalismo como metafísica. Lo que la intuición anterior significa es simplemente que la *percepción es un proceso internamente congruente*: la *percepción* directa de los fotones se ajusta a la *percepción* del comportamiento de los fotodetectores electrónicos. La *percepción* de los datos de los instrumentos que miden las ondas de presión del aire se ajusta a la *percepción* directa del sonido, y así sucesivamente. Y, por supuesto, la percepción no presenta contradicciones internas: el panel de instrumentos ha evolucionado para ser congruente, de lo contrario solo nos causaría confusión.

Lo que debemos comprender es que los fotones y las ondas de presión del aire que impactan en las retinas y los tímpanos son *representaciones perceptivas del proceso de percepción*, no el proceso de percepción en sí mismo, ya que el único acceso objetivo *posible* que podemos tener al proceso de percepción es, bueno, *percibirlo. Percibimos la percepción*, y el resultado de ello son fotones y ondas de presión de aire que impactan en retinas y tímpanos. Los fotones, las ondas de presión del aire, las retinas y los tímpanos son en sí mismos representaciones perceptivas. ¿Qué van a ser si no?

Los paneles de instrumentos pueden representar el propio proceso de paneles de instrumentos que representan cosas. Y cuando lo hacen, los resultados estarán *forzosamente* libres de contradicciones internas, porque aquí estamos tratando con una recursión obvia: el panel de instrumentos no puede hacer otra cosa que imponer su propio paradigma representacional a sus representaciones de sí mismo, de modo que todo cuadra maravillosamente. Esto no tiene nada que ver con el fisicalismo. La coherencia intrínseca de la percepción que percibe la percepción es simplemente una característica inevitable de la recursión implicada. Se obtiene *por construcción*.

Trataré de formularlo de la manera más sencilla posible: *la percepción siempre representará la percepción de una forma que sea congruente, bueno, con la percepción*. ¿Es esto sorprendente? ¿Es lógicamente válido interpretar esta tautología como una evidencia del fisicalismo?

«Vale, pero ¿cómo encajo la física en todo esto? Quiero decir, ¿las ecuaciones y entidades teóricas con las que construimos un modelo teórico de la naturaleza? No parecen explicar los estados mentales, ¡y sin embargo funcionan!».

La naturaleza, tal como es en sí misma, está constituida por estados mentales no susceptibles de descripción mediante magnitudes físicas. ¿Cuál es la longitud de un pensamiento en centímetros? ¿El peso de una emoción en kilos? Ahora bien, estos estados mentales reales pueden representarse en un panel de instrumentos como estados «físicos»: colores, sonidos, olores, sabores y texturas. A su vez, estos estados «físicos» representacionales *pueden* describirse mediante magnitudes físicas, ya que las magnitudes físicas se inventaron precisamente para describirlos.

La física explica la naturaleza a través de magnitudes físicas. Por tanto, describe y predice el comportamiento *de los dispositivos de medición del panel de instrumentos*. Pero dado que estos dispositivos están construidos para transmitir información destacada sobre el mundo exterior, *indirectamente* la física explica el mundo: describe y predice los estados de la naturaleza *a través de la intermediación de sus representaciones en un panel de instrumentos*.

Así pues, la física funciona. Hace lo que cree que hace, solo que no de la forma directa en que cree que lo hace. No obstante, en lo que se refiere a las aplicaciones prácticas, esta diferencia tiene poca importancia, ya que de todos modos siempre estamos limitados al panel de instrumentos en nuestras interacciones con la naturaleza.

En resumen: las ecuaciones de la física describen la dinámica de los estados del panel de instrumentos, que a su vez representan los estados reales del mundo.

«Si, de acuerdo con el idealismo analítico, el cuerpo es el aspecto que adoptan nuestros estados conscientes internos desde fuera, ¿por qué no desaparece cuando nos desmayamos y perdemos el conocimiento? ¿O durante el sueño sin sueños y la anestesia general?».

Incluso cuando el ego que transmite información se desconecta, la infinidad de otros estados mentales de los que no puede informar el ego —porque están disociados de él o carecen de metacognición— no se ven afectados. Y estos se corresponden con el cuerpo, mientras que el ego se corresponde solamente con determinados patrones de actividad cerebral —los «NCC» o correlatos neuronales de la conciencia— que pueden desaparecer de forma temporal.

Las investigaciones han demostrado que, incluso cuando estamos en un estado de sueño sin sueños, seguimos teniendo experiencias que pertenecen a tres amplias categorías: sueño-percepción, estados de no-yo y sueño-pensamiento [véase «Does consciousness disappear in dreamless sleep?» (¿Desaparece la conciencia en el sueño sin sueños?), de Jennifer Windt *et al.*, publicado en *Trends in Cognitive Sciences*, 2016]. Simplemente no recordamos estas experiencias cuando nos despertamos, al igual que a menudo no recordamos los sueños, que son sumamente experienciales. También existe evidencia abrumadora de que cuando nos desmayamos —lo que técnicamente se denomina «síncope»— tenemos experiencias sorprendentemente ricas. Adolescentes de todo el mundo se han dado cuenta de ello y practican una peligrosa actividad llamada «el juego de la asfixia»: se someten a un estrangulamiento parcial para desmayarse y realizar un viaje psicodélico sin necesidad de drogas. Los pilotos que se desmayan durante el entrenamiento de resistencia a la fuerza G también relatan «sueños memorables» [véase «Acceleration-induced loss of consciousness: A review of 500 episodes» (Pérdida de conciencia inducida por la aceleración: una revisión de 500 casos), de J. E. Whinnery y A. M. Whinnery, publicado en *Archives of Neurology*, 1990]. También existe evidencia significativa de formas de experiencia durante la anestesia general [véase, por ejemplo, «Anesthesia and Consciousness» (Anestesia y conciencia), de John Kihlstrom y Randall Cork, publicado en *The Blackwell Companion to Consciousness*, 2007]. De hecho, uno de los fármacos del cóctel de la anestesia general está destinado precisamente a impedir la formación de circuitos de memoria, por lo que los pacientes no pueden recordar posteriormente sus experiencias durante el periodo de falta de respuesta. Cuando se despiertan creen que no han experimentado nada. Esto no significa que los pacientes experimenten dolor durante la operación —esto último se correlacionaría con un aumento de la frecuencia cardiaca, la presión arterial y otros indicadores que los anestesistas controlan constantemente—, sino que tienen algún tipo de experiencia que luego no recuerdan.

Así pues, la evidencia indica que lo que consideramos estados de inconsciencia son, en realidad, meros estados de *falta de respuesta*. Nunca estamos inconscientes, simplemente no podemos informar —ni siquiera a nosotros mismos— de muchas de nuestras experiencias, debido a la falta de metacognición, de formación de circuitos de memoria o de vínculos asociativos con el yo que comunica la información.

«Bernardo, si crees que todo es conciencia y que no hay cosas físicas, ¡intenta ponerte delante de un camión claramente físico que va a toda velocidad!».

¡Touché! ¡Me has pillado! No, en realidad no. Decir que todo es mental *no es* retirar los poderes causales de las cosas. Solamente según las premisas del fisicalismo las cosas mentales —por ser epifenoménicas— resultan algo pobres, debilitadas causalmente o incluso inexistentes (*cf.* la locura del eliminativismo y el ilusionismo, que no perderé el tiempo explicando aquí). En el idealismo analítico, en cambio, *los estados mentales son los portadores de todas las capacidades causales*, incluso de aquellos estados mentales que adoptan el aspecto de un camión que viene hacia ti.

Hay procesos mentales transpersonales ahí fuera que pueden impactar en tu límite disociativo con tanta fuerza que llegan a poner fin a la disociación que lleva tu nombre, es decir, te quitan la vida. Considéralo como una ola que sube por el río y golpea un remolino río arriba con tanta fuerza que lo trastoca y disuelve. Cuando observas esa ola entrante desde el otro lado de tu límite disociativo —es decir, desde el interior del remolino— y la representas en tu panel de instrumentos, puede adoptar el aspecto de un camión que se dirige hacia ti. Si quieres que el *alter* que eres siga adelante —es decir, permanecer disociado del resto de la naturaleza, seguir vivo—, tómate el camión en serio, pero no literalmente.

Cualquier piloto que vuele solamente con la ayuda de instrumentos sabe que no debe tomarse a la ligera las indicaciones de los dispositivos de medición. Sí, los dispositivos de medición no son la peligrosa tormenta exterior, pero constituyen la única fuente de información de que dispone el piloto, necesaria para atravesar la tormenta con seguridad sin estrellar el avión. Sería una locura ignorar esos instrumentos solo porque no son la tormenta, ¿no es así?

«¿No es el idealismo analítico una metafísica infalsable?».

Antes de responder directamente a esta pregunta, es importante darse cuenta de que, cuando Karl Popper propuso la falsabilidad como requisito para las teorías científicas, estaba hablando, bueno, de teorías *científicas*, es decir, teorías que construyen un modelo teórico y predicen el *comportamiento* de la naturaleza, no lo que la naturaleza *es*. Una teoría científica debe ser falsable en el sentido de que debe hacer predicciones sobre el comportamiento futuro de la naturaleza que puedan contrastarse con los resultados experimentales. Si no es así, la teoría es infalsable y, por tanto, no es una teoría científica propiamente dicha.

Pero cuando se trata del idealismo analítico —y también del fisicalismo dominante— no estamos hablando de una teoría científica que predice el comportamiento futuro de la naturaleza, sino de afirmaciones metafísicas sobre lo que *es* la naturaleza. Los criterios para elegir la mejor teoría en este caso son más diversos que la falsabilidad: implican una congruencia lógica interna, una coherencia contextual, parsimonia conceptual, poder explicativo y adecuación empírica. Este último criterio significa que las *implicaciones* de una teoría metafísica adecuada no deben contradecir la ciencia establecida. Y en la medida en que la ciencia establecida es falsable, una teoría metafísica sí debe estar relacionada con la falsabilidad, pero solo de forma indirecta.

La pregunta pertinente es, por tanto, si el idealismo analítico es *compatible con la ciencia establecida*. Y la respuesta es un abrumador «sí». Como hemos mencionado anteriormente, la ciencia establecida ha demostrado que —salvo fantasías teóricas *infalsables* para las que no hay evidencia positiva— las entidades físicas no tienen existencia autónoma, sino que son un producto de la medición. Esto es exactamente lo que sostiene el idealismo analítico, ya que todas las entidades «físicas» son representaciones de mediciones en un panel de instrumentos, que solamente perduran mientras se realiza una medición. Y contradice directamente al fisicalismo dominante, que presupone precisamente que las entidades físicas, por ser fundamentales, *deben* tener existencia autónoma, independiente de la observación.

La ciencia establecida también ha demostrado que hay casos —como durante el estado psicodélico, como se ha mencionado previamente— en los que la actividad cerebral disminuye, mientras que la riqueza y la intensidad de la experiencia aumenta. Esto es, al menos, muy difícil de entender para el fisicalismo dominante, según el cual no hay nada que experimentar salvo la actividad cerebral. Pero el idealismo analítico puede acomodarse mucho mejor a esta idea, según la cual la actividad cerebral no es más que el aspecto que *adopta* la experiencia interna desde una perspectiva externa; es decir, no es más que una *imagen* de la experiencia interna. Y a diferencia de las causas, las imágenes no necesitan ser completas: no hace falta revelar todo lo que hay que saber sobre el fenómeno que representan. En el caso de los psicodélicos, las imágenes omiten bastante.

Además, los psicodélicos son solo un caso en el que, contrariamente a las expectativas fisicalistas, la función cerebral y la riqueza de la experiencia están inversamente correlacionadas. Como hemos visto anteriormente, la limitación del flujo sanguíneo que llega al cerebro debido al estrangulamiento o a las fuerzas G —que reducen el metabolismo cerebral debido a la privación de oxígeno o hipoxia— puede conducir a trances similares a los psicodélicos y a «sueños memorables». La hiperventilación, que también limita la llegada de flujo sanguíneo al cerebro al inducir niveles elevados de alcalinidad en la sangre, puede dar lugar a percepciones que transforman la vida, un fenómeno que aprovechan algunas técnicas terapéuticas de respiración. En algunos casos concretos, incluso un *daño* cerebral total puede dar lugar a una experiencia interna más rica. En un trastorno llamado «síndrome del sabio adquirido» (busca más información sobre el tema si lo deseas), algunas personas que han sufrido daños cerebrales a causa de traumatismos craneales provocados por accidentes de coche, rayos e incluso heridas de bala en la cabeza manifiestan de repente habilidades cognitivas extraordinarias, como dotes artísticas, capacidad para realizar cálculos complejos casi de forma instantánea y una memoria perfecta. También se ha demostrado que un amplio grupo de veteranos de la guerra de Vietnam que sufrieron

daños en los lóbulos frontales o parietales tienen una mayor pro-
pensión a las experiencias religiosas transformadoras [véase
«Neural correlates of mystical experience» (Correlatos neuronales
de la experiencia mística), de Irene Cristofori *et al.*, publicado en
Neuropsychologia, 2016]. Incluso los pacientes que han sufrido
daños cerebrales a causa de la extirpación de tumores mediante
una intervención quirúrgica experimentan una «autotrascenden-
cia» significativamente mayor [véase «The spiritual brain: Selective
cortical lesions modulate human self-transcendence» (El cerebro
espiritual: lesiones corticales selectivas modulan la autotrascen-
dencia humana), de Cosimo Urgesi *et al.*, publicado en *Neuron*,
2010]. Además, un grupo de los denominados «médiums en trance» mostró una actividad significativamente reducida en áreas del
cerebro relacionadas con el razonamiento y el procesamiento
del lenguaje, precisamente cuando realizaban actividades que requieren un alto grado de razonamiento y procesamiento del lenguaje [véase «Neuroimaging during trance state: A contribution
to the study of dissociation» (Neuroimagen durante el estado de
trance: una contribución al estudio de la disociación), de Julio
Fernando Peres *et al.*, publicado en *PLoS ONE*, 2012].

Podría seguir y seguir, pero ya te haces una idea. Aunque la
mayoría de las veces la actividad cerebral se correlaciona directamente con la riqueza de la experiencia interna, en algunos casos concretos, pero amplios y coherentes, ocurre lo contrario.
Estos casos son los cisnes negros que refutan el fisicalismo y co-
rroboran el idealismo analítico.

La evidencia científica mencionada no solo aborda la cuestión de la falsabilidad del idealismo analítico y del fisicalismo
dominante, sino que también proporciona una *confirmación empírica* positiva del idealismo analítico en campos muy diferentes
de la ciencia.

«Pero, Bernardo, no parece justo afirmar que los casos mencio-
dos anteriormente —en los que la experiencia interna y la activi-

dad cerebral están inversamente correlacionadas— son pruebas a favor del idealismo analítico solo porque este último no requiere que las imágenes del panel de instrumentos sean completas; me gustaría una explicación idealista más específica del asunto».

De acuerdo. Si el cuerpo vivo es el aspecto que adopta un *alter* del campo natural de subjetividad, entonces algo que se encuentre en el cuerpo será el aspecto que adopta el *propio límite disociativo, además de los mecanismos cognitivos que lo imponen*; al fin y al cabo, el límite también forma parte del *alter*.

Obviamente, las superficies externas corporales —la piel, las retinas, los tímpanos, la mucosa nasal y el revestimiento interno del tubo digestivo— forman parte de la apariencia que adopta el límite y su mecanismo de aplicación. Pero puesto que un límite disociativo es una configuración *cognitiva*, y puesto que los seres humanos tienen otros niveles de disociación interna de forma natural —por ejemplo, cuando te olvidas de cosas que sabes, experimentas una disonancia cognitiva o «aparcas» tus problemas antes de ir a trabajar—, es razonable esperar que *algunos* patrones de actividad cerebral también representen *límites disociativos y los mecanismos de aplicación relacionados*, no solo el contenido de la disociación.

La hipótesis es, por tanto, que cuando los psicodélicos, la hipoxia o el daño cerebral reducen la actividad cerebral o deterioran la función cerebral de alguna forma, a veces lo que realmente reducen o afectan es *un límite disociativo y los mecanismos de aplicación relacionados*. Cuando el límite está mermado, se vuelve más poroso, permeable, permitiendo que el ego que re-representa acceda a estados experienciales que no están representados como actividad cerebral. Esto explica la riqueza experiencial adicional que se comunica.

«Bernardo, ¡soy sanador energético y sé que tienes razón! Dado que el cerebro no genera la mente, la neurociencia no tiene sentido y los psicofármacos tampoco. ¡Tomémonos todos de la mano y cantemos el Kumbayá! Solo la sanación psíquica y los cristales pueden salvarnos».

Bueno, no vayamos tan rápido. Según el idealismo analítico, el cerebro «físico» —y sus patrones de actividad metabólica igualmente «físicos»— son el aspecto que adoptan los estados mentales de un sujeto desde una perspectiva externa. Como tales, *transmiten una valiosa información sobre la mente del sujeto*. Al estudiar el cerebro —la única forma de acceso objetivo a la vida interior de otra persona de que disponemos—, la neurociencia profundiza nuestra comprensión de la mente de una forma que complementa la introspección y la correspondiente comunicación subjetiva. Y creo que esto es fundamental, debido a la conocida tendencia de la mente a engañarse a sí misma (de hecho, a menudo he manifestado la opinión de que la «directiva principal» de la mente es el autoengaño). Puede que también hayas observado, en esta y otras obras mías, que suelo citar y remitir a artículos neurocientíficos. La razón es que, como idealista analítico, me tomo en serio las ideas de la neurociencia. La introspección por sí sola —aunque es cierto que es el camino real para conocer la mente— no es lo bastante fiable y no llega lo bastante lejos en los procesos mentales que no son accesibles desde el ego.

Las drogas psicoactivas —como cualquier otra cosa «material»— no son más que la apariencia que adoptan los estados mentales transpersonales cuando se representan en un panel de instrumentos. *Pero estos estados, cuando son absorbidos por un* alter, *tienen un efecto causal y curativo que se produce de lo mental a lo mental sobre los estados internos del* alter. Las drogas no dejan de ser causalmente efectivas solo porque sean mentales en esencia; al contrario: su esencia mental deja intuitivamente claro por qué las drogas psicoactivas tienen efectos mentales. También el bisturí del neurocirujano es el aspecto que adopta un conjunto de estados mentales causalmente eficaces. Así pues, las pastillas y la cirugía siguen siendo poderosas herramientas médicas. Cuando vemos a un cirujano operando el cerebro de alguien, esa imagen es una representación de un proceso mental externo que atraviesa un límite disociativo para influir —de forma curativa— en los estados mentales internos del paciente. Cualquier metafísica que contradiga la eficacia de dicho proceso es simplemente errónea, ya que este último es un hecho empírico establecido.

Si alguna vez necesitara someterme a una neurocirugía por razones médicas, lo haré, y recomiendo a todos los demás idealistas que hagan lo mismo. Además, hace años que *yo mismo tomo psicofármacos* todos los días, y puedo dar fe de su eficacia personalmente (por si quieres saberlo, tomo dosis bajas de amitriptilina para aliviar un tinnitus grave, pero el fármaco ha tenido muchos otros efectos positivos en mi vida mental interior). Ni por un momento rechazo la ciencia médica. Tampoco veo ninguna razón para despreciar la neurociencia bajo el idealismo analítico. Al contrario: de acuerdo con esta metafísica, el cerebro en el que se produce un proceso metabólico es un mapa que muestra los rincones más recónditos de la mente que son inalcanzables mediante la introspección.

«Bueno, Bernardo, si toda la ciencia sigue siendo válida bajo el idealismo analítico, y sigue habiendo un mundo ahí fuera independiente de nosotros, entonces el idealismo analítico es básicamente fisicalismo con una etiqueta diferente: todo se reduce a lo mismo».

Este punto de vista asombrosamente miope es en realidad bastante común. Si te has identificado con él, no te culpes con demasiada dureza. La razón por la que esta perspectiva resulta corta de miras es que ignora por completo las colosales diferencias en las *implicaciones* del idealismo analítico cuando se compara con el fisicalismo dominante. Pero nuestra cultura premia los juicios rápidos y, por tanto, desalienta la profundidad de pensamiento necesaria para explorar las implicaciones de las nuevas ideas.

De acuerdo con el idealismo analítico, tu vida, tu metabolismo, *no* es la causa o el generador de tu conciencia, sino simplemente el *aspecto* que adopta tu actividad mental desde fuera, es decir, desde el otro lado de tu límite disociativo. La vida es la apariencia que adopta la disociación. Por tanto, el fin de la vida es el fin *de la disociación*, no el fin de la conciencia.

El final de un proceso disociativo tampoco es el final de los estados mentales que se han mantenido dentro del límite disociativo; es simplemente *el final del límite disociativo*. Esto significa que los estados mentales mantenidos previamente por el *alter* —los recuerdos y percepciones de toda una vida— se liberan en el contexto cognitivo más amplio de la naturaleza en general al morir. Nuestros recuerdos y percepciones, que tanto nos ha costado conseguir y que suelen ser el resultado de mucho sufrimiento, no se pierden con la muerte, sino que se ponen a disposición de la naturaleza en general. Compara esta perspectiva con el punto de vista fisicalista: cuando mueres, todos tus recuerdos y conocimientos se pierden para siempre, y todo ese sufrimiento no ha servido para nada. Está claro que estos dos escenarios no son ni remotamente parecidos, y sus diferencias tienen una gran relevancia en nuestros valores, en cómo tomamos nuestras decisiones vitales y, en general, en cómo experimentamos nuestras vidas.

Además, aunque el idealismo analítico preserva —podría decirse que incluso refuerza— el fundamento para el empleo de medicamentos y cirugía en medicina, abre una vía *adicional* para el tratamiento de las dolencias orgánicas: la terapia conversacional y las prácticas afines. Para el idealismo analítico, el cuerpo no es un mero mecanismo distinto de la mente, sino la apariencia extrínseca de procesos mentales. Por tanto, cualquier dolencia orgánica es, en su raíz, una dolencia mental. Esto no significa que se pueda curar el cáncer con el pensamiento positivo. Como hemos mencionado anteriormente, el complejo del ego está disociado de las funciones autónomas de forma natural y por eso tiene una influencia causal limitada sobre ellas. Pero sí significa que es sensato investigar si podemos ahondar más en nuestra fisiología a través de medios psicológicos, para tratar algunas enfermedades «físicas». Esto, de hecho, podría ser la explicación que falta del llamado efecto placebo, que bajo el fisicalismo es solo una anomalía molesta. ¿Podemos inducir *deliberadamente* ese efecto a través de métodos psicológicos, ahora que un marco metafísico coherente lo valida y explica?

Ya he explorado ampliamente las implicaciones del idealismo analítico en escritos anteriores, de modo que no repetiré todo eso aquí. Basta con mencionar —como he hecho más arriba— las que, en mi opinión, son dos de las más importantes. La invitación que te hago —especialmente si te sientes tentado a considerar el idealismo analítico como una metafísica equivalente al fisicalismo en un sentido importante— es que pienses en las diferentes *implicaciones* de estos puntos de vista tan distintos. ¿Qué cambia para ti si entiendes que no eres un mecanismo físico, sino un *ser mental*, cuyos contenidos mentales y subjetividad básica nunca se perderán en la naturaleza?

«Sí, de acuerdo, Bernardo. Pero tu idealismo analítico, en contra de mis expectativas, sigue sin validar mi creencia de que puedo cambiar la realidad a través de mis afirmaciones matutinas, de que el universo responde directamente a mis deseos y caprichos, y de que puedo curarme de cualquier dolencia solo con el pensamiento positivo, ¡y realmente quiero creer todo eso!».

Pues lo siento. Pero nuestra búsqueda es una indagación honesta de la verdad o al menos la mejor aproximación que sea humanamente posible. Este libro no pretende validar la credulidad. Y si *de verdad* comprendes el sistema aquí esbozado, con el tiempo te darás cuenta de que las fantasías de poder del ego carecen de *toda importancia*. Tu vida no es, nunca ha sido y nunca será sobre ti, es decir, sobre tu ego, sino sobre la *naturaleza*. Tú solo eres un *alter* disociado de la naturaleza, algo que la naturaleza está haciendo temporalmente. Si realmente entiendes esto en lo más profundo de tu ser, la necesidad de control de tu ego se derretirá como mantequilla bajo el sol. Comprenderás que el ego es solo una herramienta de la naturaleza. No necesita controlar nada, ni siquiera necesita —por incómodo que pueda parecer— tener libre albedrío. Su función consiste en *observar, prestar atención, darse cuenta, comprender, metaconocer, re-representar* la danza de la naturaleza, y hacerlo desde una perspectiva aparentemente externa que, sin disociación, no está disponible para la naturaleza. Somos espías de la mente de la naturaleza. Cuando veas esto, toda tu angustia existencial estallará como una pompa de jabón, sin dejar apenas rastro. La verdadera libertad y plenitud residen en comprender lo que sucede, no en controlarlo.

Cada primavera contemplo las flores de mi manzano. A veces fantaseo con qué ocurriría si una de esas flores se creyera que su vida gira en torno a *ella*. Dado que no entendería su papel en el árbol, sentiría la necesidad de controlar todo el árbol y vivir para siempre como una flor. Si se saliera con la suya, ya no habría manzanas ni manzanos. Pero si comprendiera su verdadero papel y su importancia, se relajaría y abandonaría sus fantasías de control.

A diferencia del fisicalismo, según el cual la conciencia no es más que un subproducto causalmente ineficaz de la materia, una anomalía efímera y baladí, el idealismo analítico hace que nuestras vidas interiores conscientes no sean epifenómenos, sino *verdaderos segmentos de la naturaleza, del mismo modo que el resto de la naturaleza en su propia esencia mental*. «Por detrás» o «subyacente» al resto del universo «físico» hay algo tan experiencial como nosotros, cuya subjetividad básica compartimos. Pertenecemos a este lugar. Estamos en casa. No somos anomalías carentes de importancia. No somos esencialmente diferentes del mundo que nos rodea. Tenemos un papel que desempeñar, uno que solo nosotros podemos ejercer. *Esto* es lo importante, no la validez de nuestras fantasías de control.

El control solo existe para quienes se ahogan en el mar de nihilismo totalmente injustificado e innecesario que implica el fisicalismo. Para ellos, la necesidad de control egoico es un movimiento desesperado destinado a compensar la ausencia de sentido. La psicología clínica lo llama técnicamente «compensación fluida». Pero ya no necesitas nadar en ese mar. De modo que relájate y disfruta del viaje. Tu subjetividad básica es la subjetividad de la naturaleza en general, de modo que lo que *realmente* eres no va a ninguna parte, nunca. ¿Adónde podría ir tu subjetividad básica si es todo lo que hay? ¿Dónde va a desaparecer? Lo que de verdad eres no está en peligro; nunca lo ha estado y nunca lo estará. Así pues, ¿a qué viene toda esta tontería del control?

«Retomemos el tema de la muerte. Has dicho que el cuerpo es el aspecto que adopta un *alter* disociado de la mente de la naturaleza en general cuando se observa desde fuera. También has señalado que la muerte no es más que el final de la disociación. Pero cuando morimos, el cuerpo no desaparece sin más, ¡sino que permanece durante bastante tiempo! ¿Cómo puede perdurar la imagen de la disociación cuando la propia disociación ha terminado?».

Lo primero que hay que observar aquí es que, en el mismo momento en que se completa el proceso de la muerte, algo muy significativo cambia en el cuerpo: deja de metabolizar. De hecho, esa es la definición misma de la muerte. La apariencia o representación de un *alter* de la naturaleza en general es un *cuerpo en el que se produce un proceso metabólico*, no solo su anatomía. Se trata de una imagen activa y dinámica, no solo un contorno estático. Así pues, el final del metabolismo revela el final del proceso de disociación, en lo que respecta a las indicaciones del panel de instrumentos.

Sin embargo, un cuerpo que no metaboliza se queda atrás, a veces durante bastante tiempo. ¿Qué significa *eso* de acuerdo con el idealismo analítico? Bien, fíjate en que todo proceso de la naturaleza deja vestigios que pueden perdurar tras su conclusión. Cuando deja de llover, el suelo permanece húmedo durante un tiempo. Los actos de la naturaleza dejan «huellas». Esto puede entenderse casi literalmente: pisar barro es una acción, pero incluso después de su cese —sacando el pie del barro— queda un vestigio de la acción anterior. El cadáver es totalmente análogo a esto: después de que la naturaleza ha dejado de generar un *alter* disociado, la huella de esa acción anterior permanece. Esa «huella» que queda es el cadáver.

«La pregunta es: ¿qué es el *"yo"* con el que me identifico? Me identifico con el individuo que vive y muere, que responde a mi nombre, no con esa supramente impersonal de la naturaleza de la que has estado hablando. Si te he entendido bien, mi individualidad, mi persona, termina con la muerte, ya que esa individualidad es el resultado de la disociación. ¿Es esto correcto?».

Sí, es correcto. Bernardo Kastrup, como agente individual, termina con su defunción. Esto es bastante obvio, ya que el cuerpo en el que se produce un proceso metabólico está estrechamente asociado con mi individualidad tanto en el fisicalismo como en el idealismo analítico, y la muerte *es* el fin de ese cuerpo que metaboliza. Tener la esperanza de que nuestra agencia individual sobrevivirá a la muerte es una perspectiva bastante frágil. Cuando tomamos psicodélicos y nuestro metabolismo cerebral simplemente se *reduce*, ya perdemos nuestro sentido del yo individual en una experiencia bien conocida llamada «disolución del ego», ¡imagina pues lo que sucede cuando *cesa todo el metabolismo*! Esperar que en ese punto puedas seguir siendo un individuo es una exageración. Algo importante debe cambiar en nuestro estado de conciencia al morir, algo conmensurable con el gran cambio «físico» indicado en el panel de instrumentos como el cese del metabolismo.

Pero reflexionemos sobre ello, para ver si esta conclusión implica verdaderamente el fin de lo que realmente somos desde una perspectiva en primera persona.

Cuando un paciente de TID se cura, todos los *alters* se reintegran en la identidad principal. En ese momento, la personalidad anfitriona rememora los recuerdos de los *alters* y se da cuenta de que todos y cada uno de ellos eran uno solo desde el principio. El paciente *no lamenta* la muerte de los *alters*, aunque estos lleguen a su fin en el momento de la reintegración. La razón por la que la personalidad anfitriona no llora la muerte de los *alters* es que la ilusión de la disociación se desvanece y la realidad de la identidad de cada *alter* se hace evidente: esos *alters* no eran entidades reales, sino meras *acciones* de la identidad principal. Considéralos como un puño: cuando abres la mano, el puño ya no está, pero no se ha perdido nada. El puño era una *acción*, no una entidad. El final de la disociación es como la apertura del puño: algo cambia, pero nada se pierde. Precisamente por esta razón, no hay pérdida cuando el *alter* que lleva tu nombre llega a su fin con la muerte.

He aquí otro ejemplo. Cuando sueñas mientras duermes, experimentas una forma de disociación: solo te identificas con tu avatar onírico, pero no con el resto del sueño. No crees ser los edificios, árboles y personas que ves a tu alrededor durante el sueño. Sin embargo, los edificios, los árboles y las personas que ves los estás fabricando tú, el soñador, ¿quién si no? Cuando te despiertas, la disociación llega a su fin y tu avatar onírico desaparece. Sin embargo, al despertar no te pones a llorar ni a lamentar su muerte. ¿Por qué? Porque el final de la disociación está estructuralmente emparejado con una *visión a través de* la ilusión: justo después de haber despertado, sabes que tu avatar onírico no era una entidad, sino solo algo que *tú* estabas haciendo; eras *tú* todo el tiempo, y no has dejado de existir al no seguir fabricando ese avatar onírico. Por tanto, es razonable deducir que, cuando el *alter* disociado que responde a tu nombre llegue a su fin con la muerte, y el verdadero tú emerja, no llorarás la muerte de ese avatar de la vida de vigilia. Y seguirás conservando sus recuerdos y percepciones, junto con su subjetividad básica.

«Si mi yo verdadero sobrevive a la muerte, ¿significa que seré consciente en el otro mundo?».

Hasta donde sugieren la razón y la evidencia, *este* mundo es el único mundo y, a la espera de alguna evidencia no anecdótica, todo lo demás es una fantasía. Por tanto, cuando mueres no vas a ningún otro mundo, simplemente abandonas la cabina del piloto y te conviertes en el cielo exterior del avión (¡el cielo donde el avión ya estaba todo el tiempo!). Tanto la cabina del piloto como el cielo exterior forman parte de *este* único mundo. El «otro mundo» es *este* mundo, pero se experimenta desde una perspectiva de primera persona, y no en segunda o tercera. En resumen, cuando mueres no vas a ninguna parte, te quedas en el «lugar» en el que estás ahora, aunque lo experimentarás de forma muy diferente.

La muerte no es más que un cambio de *perspectiva*: el paso de *percibir* el mundo a *ser* el mundo, de *representar* el mundo a conocer el mundo *tal como es en realidad*, de experimentar el mundo desde una perspectiva de segunda o tercera persona a una de primera persona. La imagen de un cadáver descomponiéndose y siendo reabsorbido por la tierra es una metáfora perfecta de lo que debe ocurrir desde una perspectiva de primera persona: a medida que la disociación que nos separa del mundo llega a su fin, nosotros —toda nuestra vida mental interior— somos reabsorbidos en el vasto campo experiencial que, en vida, solíamos habitar y representar en forma de mundo «físico». El final de la disociación constituye una reabsorción de nuestra vida interior en el campo cognitivo circundante. Y todo esto sucede en *este* mundo, aquí mismo.

«La ciencia sostiene la hipótesis de que el universo comenzó en el momento del Big Bang. No había seres vivos entonces ni durante miles de millones de años después. Según el idealismo analítico, sin seres vivos no hay paneles de instrumentos. Y sin ellos no hay universo «físico». Entonces, ¿cómo pudo ocurrir el Big Bang, ya que se supone que fue un suceso físico?».

El suceso mental que se habría representado «físicamente» como el Big Bang, si hubiera habido alguien allí para observarlo, *sucedió* (suponiendo que la teoría del Big Bang sea correcta, por supuesto). El suceso en sí —que siempre es mental— tiene lugar tanto si se mide y representa «físicamente» como si no; los estados del cielo existen tanto si hay un avión midiéndolos y representándolos en un panel de instrumentos como si no. Toda la historia del universo anterior a la aparición de la vida ocurrió, solo que no se representó «físicamente», porque no había vida para representarla. Si hubiera habido un observador, la historia del universo anterior a la vida se habría parecido a lo que predicen nuestros modelos físicos.

El mismo razonamiento se aplica a cualquier aspecto del universo «físico» que no se observe en este momento. Por ejemplo, no hay vida observando visualmente el núcleo del planeta Tierra mientras lees estas palabras. Por tanto, el «núcleo del planeta Tierra», como algo «físico», no existe en este momento; las representaciones no existen a menos que algo esté siendo representado. Pero la cosa que sería representada como el «núcleo del planeta Tierra» si alguien estuviera allí mirándolo ahora mismo, esa cosa *mental* sí existe ahora mismo. Solo que no es «física», ya que no está siendo representada.

«Antes has hablado de las similitudes entre la topología de red de los cerebros de mamíferos y de la red cósmica de galaxias. Has empleado estas semejanzas para justificar la afirmación de que, al igual que el cerebro es la apariencia extrínseca de nuestra vida interior consciente, el universo en general es la apariencia extrínseca de una conciencia universal. Pero tuvieron que pasar cientos de millones de años, después del Big Bang, para que existiera una red de galaxias. Antes de eso, el universo no se parecía en absoluto a un cerebro; entonces, ¿cómo es posible que fuera la apariencia externa de una mente?».

En el momento de la concepción, cuando un ser humano —o cualquier mamífero— comienza su vida en forma de cigoto unicelular, tampoco tiene cerebro. Al igual que el universo después del Big Bang, un ser humano también tarda bastante tiempo —muchas semanas— en desarrollar la topología de red que llamamos cerebro. ¿Significa eso que un feto no tiene mente? Por supuesto que no. Solo significa que aún no dispone de una mente tan compleja como la de un ser humano completamente formado. La complejidad evolutiva del sistema nervioso humano durante la gestación «refleja» —es decir, es una representación en el panel de instrumentos— la diferenciación o complejización evolutiva interna de nuestra mente, es decir, de los contenidos y la topología cognitiva interna de nuestro *alter*. Del mismo modo, es lógico que la lenta evolución de la red cósmica de galaxias, durante cientos de millones de años después del Big Bang, refleje la lenta diferenciación o complejización interna de la mente de la naturaleza en general.

«¿Significa esto que la mente de la naturaleza está muy evolucionada y es compleja, presentando funciones mentales superiores como la autoconciencia, la metacognición, etc.?».

No. La evolución debe entenderse aquí como un término relativo: la formación de la red cósmica de galaxias sugiere que la mente de la naturaleza es *hoy* más compleja de lo que era *justo después del Big Bang*. Pero esto no significa que sea tan compleja hoy como la mente disociada de un *alter*, como somos tú y yo. Debemos comparar el estado evolutivo actual de una mente con su propio estado anterior, no con el estado evolutivo de sus centros disociados de conciencia. No tenemos referencias comunes adecuadas para la comparación cruzada, ya que el comportamiento del universo en su conjunto no es conmensurable con el comportamiento de los mamíferos que habitan el planeta Tierra.

Nosotros evolucionamos en el contexto de un ecosistema planetario con recursos finitos. Las presiones evolutivas concomitantes nos obligaron a desarrollar mentes complejas y reactivas, capaces de responder a los retos y oportunidades cambiantes del entorno. Por eso tenemos funciones mentales superiores, como la autoconciencia y la metacognición. Toda la evidencia indica abrumadoramente que los organismos menos evolucionados carecen de estas funciones superiores. Aunque la conducta de muchos organismos unicelulares es lo bastante compleja como para revelar la presencia de conciencia —las amebas, por ejemplo, construyen pequeños caparazones con partículas de barro para protegerse—, lo cierto es que no sugiere la presencia de ninguna función mental superior. No vemos a los insectos mirándose en un espejo, aturdidos por el reconocimiento de sí mismos, ni a los gatos paseando y reflexionando sobre el sentido de sus vidas. Así pues, las funciones mentales superiores *no* son inherentes al campo de subjetividad que es la naturaleza —de lo contrario, todo ser vivo, incluso las bacterias, las tendrían—, sino que evolucionaron dentro de las limitaciones de un ecosistema planetario.

La mente de la naturaleza en general no evolucionó dentro de un ecosistema planetario. Nunca estuvo sometida a las presiones evolutivas que provocan el desarrollo de funciones mentales superiores. De ahí que no tenga tales funciones. Incluso la previsibilidad de las leyes de la naturaleza sugiere una mente simple, instintiva y espontánea, no una mente reactiva con capacidad para la introspección profunda, la premeditación, la planificación, la reflexión, etc.

«¿Pero por qué la mente de la naturaleza decidió disociarse para empezar?».

Es casi seguro que no decidió nada, ya que una decisión explícita requiere funciones mentales superiores, como la metacognición y la capacidad de deliberar. Por tanto, es posible que no hubiera ninguna razón —ninguna motivación explícita— para la primera disociación. Porque todo lo que *puede* ocurrir en la naturaleza, con el tiempo suficiente, acaba *ocurriendo*. Y como es obvio que la disociación es posible —de lo contrario no estaríamos teniendo esta conversación—, no debería sorprendernos que acabara sucediendo.

Obsérvese que el problema de cómo o por qué la mente de la naturaleza se disoció para empezar *es* el problema de la abiogénesis, el origen de la vida a partir de la no vida. Al fin y al cabo, la vida no es más que el aspecto que adopta la disociación. De modo que preguntar por qué se disoció la mente de la naturaleza es exactamente lo mismo que preguntar por qué surgió la vida: *probablemente simplemente ocurrió*. Y en el caso de la primera disociación, es decir, la abiogénesis, una vez que se produjo, las fuerzas de la selección natural se aseguraron de que los *alters* resultantes desarrollaran medios para mantener la disociación, es decir, para sobrevivir y reproducirse, generando de este modo más *alters*. Los *alters* sobrevivieron porque, en algún momento, surgió un *alter* que *podía* sobrevivir; y los *alters* generan más *alters* porque, en algún momento, surgió un *alter* que *podía* reproducirse.

«Pero en los humanos el TID se produce casi de forma invariable como respuesta a un trauma. Entonces, ¿no es concebible que la mente de la naturaleza, en su estado original no disociado, sufriera algún tipo de trauma?».

Es concebible, pero la cuestión es si esta línea de especulación es productiva. En los seres humanos, el trauma es desencadenado por agentes externos, no es una condición endógena que surja puramente del interior. Y puesto que no había nada fuera de la mente de la naturaleza en su estado original no disociado, no pudo haber desencadenantes externos.

¿Es posible imaginar que la disociación podría haberse desencadenado *internamente* por algún tipo de «pensamiento» traumático? Sí. Podemos especular que, al intuir su permanente estado de soledad, en algún momento de su proceso de complejización interna, la mente de la naturaleza habría tenido suficiente impulso emocional para disociarse de forma espontánea. Pero esta línea de especulación proyecta demasiado de la psicología humana sobre algo totalmente no humano. Antropomorfiza la naturaleza en exceso. Y aunque no fuera así, seguiría siendo una línea de investigación improductiva, ya que no podemos basarla en ningún tipo de prueba objetiva.

En última instancia, la naturaleza se disoció porque la disociación era posible; y eso es todo lo que podemos decir con seguridad.

«Este asunto de la disociación suena como si estuvieras patologizando la naturaleza, retratándola como enferma o loca, dado que el TID es una patología».

La afirmación no es que la mente de la naturaleza tenga una enfermedad llamada TID, sino que experimenta un proceso disociativo en algún sentido parecido al TID. Nosotros, los humanos, definimos nominalmente el TID como una patología porque suele ser disfuncional en el contexto de la actividad humana. Pero los criterios para ello, por supuesto, no se aplican a la naturaleza en general. Podría decirse que la naturaleza es incluso *más funcional* con algo parecido al TID, si tomamos la variedad de la vida como algo que enriquece la naturaleza creando complejidad a pesar de la segunda ley de la termodinámica (aunque esto, también, es antropomorfizar las cosas). La disociación no es más que un proceso natural. Algo que ocurre espontáneamente en la naturaleza, como los agujeros negros, los cuásares, las supernovas, etc. Considerarlo una enfermedad solo porque los humanos lo consideran disfuncional en la sociedad humana no es un paso lógico válido.

«¿Podemos llamar Dios a la mente de la naturaleza?».

Bueno, depende de lo que entendamos por «Dios». Si se supone que Dios es o tiene una mente deliberada externa a la naturaleza que interfiere en la acción natural desde fuera, entonces seguramente no. En el idealismo analítico, la mente en cuestión *es* la naturaleza. No hay ninguna mente externa que interfiera desde fuera, porque no hay nada fuera de la naturaleza.

No obstante, reconozco que, según el idealismo analítico, la mente de la naturaleza —que es lo que la naturaleza *es*— es omnipresente, omnisciente y omnipotente. Es omnipresente porque, puesto que la naturaleza *es* esta mente, la mente está necesariamente en todas partes en la naturaleza. Es omnisciente porque la característica definitoria de una mente —de un campo de subjetividad— es que es sintiente. Y es omnipotente en el sentido de que aquello que tiene lugar en la naturaleza ocurre necesariamente debido a una acción —una excitación, un «movimiento», una «oscilación», una «ondulación»— del campo de subjetividad que es la naturaleza. Si estos tres atributos son suficientes, en tu opinión, para calificar el campo de subjetividad como divino, entonces supongo que está bien llamarlo «Dios». Yo mismo lo he hecho unas cuantas veces, aunque sobre todo en sentido metafórico. Solo hay que recordar que otras capacidades que suelen atribuirse a Dios en la cultura occidental —la autoconciencia, la sabiduría, la capacidad de actuar deliberadamente, de tener un plan, etc.— no están vinculadas ni implícitas en el idealismo analítico, sino todo lo contrario.

«¿Para qué sirve todo esto? ¿La vida, el universo y todo lo demás? ¿Cuál es el sentido de la vida?».

Suponer que la naturaleza necesita una razón deliberada para hacer lo que hace es, de nuevo, antropomorfizarla. La naturaleza hace lo que hace porque es lo que es. Su comportamiento es una implicación de su ser y de sus propiedades intrínsecas. Expresado de otra forma, dado que la naturaleza es lo que es, no puede evitar hacer lo que hace. Sus actos son espontáneos, «instintivos», no deliberados, al menos eso es lo que parece indicar toda la evidencia.

Lo cual no quiere decir que la vida carezca de sentido. Tanto si la naturaleza tiene un plan como si no, es coherente imaginar que podemos encontrarnos desempeñando un papel significativo y productivo en ella. De hecho, creo que podemos ir más allá e identificar cuál es ese papel.

En el sangriento curso de la evolución de la vida en la Tierra, los organismos más avanzados han desarrollado funciones mentales superiores. Los humanos, en particular, parecemos ser únicos en nuestra capacidad de pensar simbólica y conceptualmente. Otros animales superiores —como los cetáceos, los paquidermos, los simios e incluso algunos moluscos— también parecen tener cierto grado de conciencia de sí mismos. Si el drama evolutivo de cuatro mil millones de años empuja hacia algo, parece ser hacia estas funciones mentales superiores.

Obsérvese que *solo* a través de estas funciones superiores la naturaleza puede darse cuenta explícitamente de sí misma: levantar la cabeza por encima del tsunami del despliegue instintivo y prestar atención a lo que está haciendo e incluso quizá a lo que es. Solo a través de la vida —a través de la disociación— la naturaleza puede «salir de sí misma», por así decirlo contemplarse a sí misma con cierto grado de objetividad. En palabras de Jung, este escrutinio metacognitivo es un segundo acto de la creación, pues baña la existencia con la luz de un nuevo nivel de conciencia.

En cierto sentido, somos «espías de Dios». Tras la insondable labor de cuatro mil millones de años de evolución, nos hallamos en una posición única para contemplar la naturaleza desde un punto de vista que de otro modo no estaría a nuestro alcance. Innumerables seres conscientes han vivido y muerto a lo largo de incontables eones para que hoy pudiéramos estar aquí, reflexionando sobre las cuestiones más profundas de la existencia. Y tras toda una vida de reflexiones al respecto, en el momento de la muerte —el fin de la disociación—, aportamos esas reflexiones al campo más amplio de la cognición que es la naturaleza.

Es difícil imaginar que este *no sea* un papel significativo, tanto si la disposición fue deliberada como si no. Parece que en la antigüedad intuyeron esto, ya que simbolizaron la muerte como un agente —la Parca— que sorprendentemente blandía un instrumento de *cosecha*. Y lo que es más sorprendente, también consideraban las ofrendas sacrificiales regalos a la divinidad. ¿Por qué pensaban eso? ¿Por qué el final de una vida ofrecería a Dios algo que quería o necesitaba? Por muy miopes y moralmente inaceptables que sean los sacrificios —todos vamos a morir de todos modos, de forma que acelerar el proceso solamente supone desperdiciar la oportunidad de aprender—, la idea parece reflejar una intuición profunda y espontánea sobre el valor de la vida y de la muerte como medio para que la naturaleza acopie o recolecte ese valor.

CAPÍTULO 8

Tiempo, espacio, identidad y estructura

Como hemos visto, según el idealismo analítico todo lo que existe en la naturaleza es *un* sujeto —un campo de subjetividad— cuyas excitaciones son, bueno, *todo lo que se experimenta*. Toda la naturaleza *es* ese sujeto único.

Pero ¿cómo puede un sujeto universal ser tú, yo, todos los otros y todo lo demás a la vez? Este quizá sea el aspecto más difícil de comprender del idealismo analítico, porque implica que tú eres yo, al mismo tiempo que tú eres tú mismo. ¿Cómo es esto posible? Al fin y al cabo, ahora mismo estás viendo el mundo a través de tus ojos, pero no a través de los míos.

Aunque la referencia a la disociación, validada empíricamente como está, nos obliga a aceptar que de algún modo esto puede suceder en efecto —ya que *es* el caso en mentes humanas gravemente disociadas—, la cuestión de cómo *visualizar* los mecanismos de la disociación sigue resultando complicado. ¿Cómo visualizar un proceso en virtud del cual eres yo y al mismo tiempo eres tú mismo? ¿Cómo podemos comenzar a entenderlo de forma intuitiva?

Obsérvese que lo que lo hace tan difícil es la *simultaneidad de ser* que implica el proceso. Puedes visualizarte a ti mismo siendo tu yo de cinco años —una entidad diferente de tu yo actual en casi todos los sentidos— porque ser tu yo de cinco años no es simultáneo a ser tu yo actual: uno está en el pasado y el otro en el presente. Visualizarse a uno mismo adoptando dos puntos de vista diferentes en el mundo no supone ningún desafío para nuestra intuición, siempre que estos puntos de vista no se adopten al mismo tiempo.

He aquí otro ejemplo. De pequeño, solía observar un comportamiento muy curioso de mi padre: le gustaba jugar al ajedrez contra sí mismo, una técnica de entrenamiento común y eficaz en una época anterior a los motores de ajedrez informatizados. Esta técnica ayuda a un ajedrecista a aprender a contemplar la posición en el tablero desde el punto de vista del rival, a fin de anticiparse a sus jugadas. Mi padre realizaba este ejercicio de forma bastante literal: hacía un movimiento con las piezas blancas, giraba el tablero 180 grados, luego hacía otro movimiento con las piezas negras, tras lo cual repetía el proceso.

Mi padre —un solo sujeto— estaba adoptando dos puntos de vista diferentes en el mundo, experimentando el dramatismo del combate desde cada una de las dos perspectivas opuestas: un sujeto, dos puntos de vista. No nos cuesta entenderlo, porque las dos perspectivas no eran simultáneas, sino que ocupaban *puntos distintos en el tiempo*.

Sin embargo, sabemos desde hace más de un siglo —desde la teoría de la relatividad general de Einstein— que el tiempo y el espacio no son más que facetas de una misma cosa: el tejido del *espacio-tiempo*. Ambas son dimensiones de extensión en la naturaleza, que permiten que las cosas y los sucesos se diferencien entre sí por el hecho de ocupar puntos diferentes en ese tejido extendido, porque si dos cosas aparentemente distintas ocupan el mismo punto en el espacio y en el tiempo, en realidad no pueden ser distintas. Pero una diferencia de ubicación en el espacio o en el tiempo basta para generar distinción y, por tanto, estructura. Al ocupar el mismo punto en el espacio, pero en momentos diferentes, dos objetos o sucesos pueden distinguirse entre sí. Si existen simultáneamente, pero en distintos puntos del espacio, también pueden diferenciarse.

La forma de intuir cómo un sujeto puede parecer muchos es comprender que *las diferencias de localización espacial son, en un sentido importante, físicamente equivalentes a las diferencias de localización temporal*. De este modo, por la misma razón por la que no tenemos ninguna dificultad para comprender intuitivamente cómo mi padre —un solo sujeto— puede parecer dos jugadores de ajedrez distintos, tampoco deberíamos tener ninguna dificultad intuitiva para comprender cómo un sujeto universal puede ser tú y yo: del mismo modo que mi padre podía hacerlo adoptando distintas perspectivas en diferentes puntos del *tiempo* —es decir, alternando entre las perspectivas de las fichas blancas y negras—, el sujeto universal puede hacerlo adoptando diferentes perspectivas en diferentes puntos del *espacio*; porque, de nuevo, el espacio es esencialmente lo mismo que el tiempo. El hecho de que tú y yo ocupemos siempre diferentes puntos en el espacio es la razón por la que tú puedes ser yo, sin dejar de ser tú.

Sin embargo, la exigencia de esta transposición del tiempo al espacio sigue pareciendo demasiado abstracta, no lo bastante concreta o intuitivamente satisfactoria, al menos en lo que a mí respecta. Tenemos que sofisticar un poco más nuestra analogía.

Hace unos años tuve que someterme a un procedimiento médico breve y sencillo, pero muy doloroso. En lugar de administrarme una gran cantidad de opiáceos, los médicos decidieron ponerme una dosis bastante pequeña de anestesia general, que me dejaría inconsciente durante unos 15 minutos. Pensé que sería una oportunidad fantástica para llevar a cabo un experimento: intentaría centrar la atención hacia mi interior y luchar contra los efectos del fármaco durante todo el tiempo que pudiera, para así observar los efectos subjetivos de la anestesia. Ya me habían anestesiado con anterioridad durante mi infancia, pero no lo recordaba, de modo que era una oportunidad fantástica para estudiar mi propia conciencia con la madurez y la deliberación de un adulto.

Y allí estaba yo, tumbado en una mesa de operaciones, bastante entusiasmado ante la perspectiva de mi pequeño experimento. Me inyectaron el medicamento por vía intravenosa y dirigí la atención al contenido de mi propia conciencia. Sin embargo, transcurrían los segundos y no notaba nada. «Qué raro —pensé—, parece que no pasa nada». Al cabo de varios segundos decidí preguntar a los médicos si era normal que el fármaco tardara tanto en causar efecto. Su respuesta fue: «Básicamente ya hemos terminado, aguanta un poco más para que podamos acabar».

«¡¿Qué?!￼ —pensé—. ¿Básicamente han terminado? ¿Cómo puede ser? ¡Todavía no ha pasado ni un minuto!». Pero, de hecho, ya habían transcurrido más de 15 minutos y habían completado todo el procedimiento. No experimenté ninguna interrupción en el flujo de conciencia, ninguna en absoluto. Sin embargo, era evidente que sí se había producido. ¿Cómo era posible? ¿Qué le había ocurrido a mi conciencia durante la intervención?

La medicación había alterado mi percepción del tiempo de una forma sumamente específica y sorprendente. Si visualizamos el tiempo subjetivo como una cuerda de la que cuelgan en secuencia determinadas experiencias —o, más bien, los recuerdos que tenemos de ellas—, el medicamento no solo había distorsionado o eliminado el acceso a algunos de esos recuerdos, sino que también había cortado un segmento de la cuerda y había atado los dos extremos resultantes, para producir la impresión de que la cuerda seguía siendo continua e ininterrumpida. Llamaré a este peculiar fenómeno disociativo «corte y unión cognitivo»: el acceso a los recuerdos de ciertas experiencias en una línea de asociación cognitiva se elimina de dicha línea, y los dos extremos resultantes se vuelven a juntar sin fisuras, de modo que el sujeto no nota que le falta nada.

Ahora apliquemos esto a la partida de ajedrez de mi padre. Imaginemos que pudiéramos manipular su percepción del tiempo de la siguiente manera: cortaríamos los segmentos de tiempo en que él estuviera jugando con fichas blancas y uniríamos —es decir, asociaríamos cognitivamente— esos segmentos en una cadena, en el orden adecuado. También haríamos lo mismo con los segmentos de fichas negras. Como resultado, mi padre tendría un recuerdo coherente y continuo de haber jugado una partida de ajedrez solo con fichas blancas y otro recuerdo de haber jugado otra partida de ajedrez —aunque extrañamente idéntica— solo con fichas negras. En ambos casos, él supondría que su oponente era otra persona. Si le hubieras dicho que al otro lado del tablero también jugaba él mismo, te habría tomado por loco. ¿Cómo podría ser él el otro jugador, al mismo tiempo que él mismo?

La respuesta a cómo un sujeto universal puede ser muchos —a cómo tú puedes ser yo, mientras lees estas palabras— reside en una comprensión más sofisticada de la naturaleza del tiempo y el espacio, incluida la comprensión de que, cognitivamente hablando, lo que se aplica a uno se aplica en última instancia al otro. Por tanto, si crees que tu yo de cinco años eras tú mismo, entonces en un sentido importante, por la misma razón, debes creer que igualmente puedes ser yo ahora mismo. Solo existe el sujeto universal, y eres *tú*. Cuando conversas con alguien, esa otra persona no es más que tú mismo en una «línea temporal paralela» —a la que nos referimos como un punto diferente en el espacio— respondiéndote a través de líneas temporales. El problema es simplemente que «ambos» habéis olvidado que cada uno es el otro, debido al «corte y unión cognitivo». ¿Entiendes lo que quiero decir?

La hipótesis es que, subjetivamente hablando, *una posición diferente en el espacio no es más que un punto diferente en una forma multidimensional del tiempo, y viceversa.* De hecho, esta intercambiabilidad entre espacio y tiempo es un campo lleno de especulaciones en física. El físico Lee Smolin, por ejemplo, ha propuesto que el espacio puede reducirse al tiempo. El físico Julian Barbour, por su parte, ha planteado lo contrario: que no hay tiempo, solo espacio. Podría haber algún sentido teórico coherente en el que ambos tengan razón.

La investigación teórica más prometedora en este campo es quizá la del profesor Bernard Carr, de la Universidad Queen Mary de Londres. Si se ofrece a su proyecto la oportunidad de llegar hasta sus últimas conclusiones, es posible que la física nos ofrezca una forma conceptualmente coherente y matemáticamente formalizada de visualizar cómo una conciencia puede parecer muchas. Mirar la identidad personal a través de la lente sugerida más arriba podría convencerte de que, cuando un viejo sabio se dirige a un joven presuntuoso y le dice: «Yo soy tú mismo mañana», esa afirmación pueda tener más capas de significado de las que se ven a simple vista.

Esto no quiere decir que, si mis especulaciones anteriores resultan ser falsas —o incluso meramente inverosímiles—, el idealismo analítico sea refutado o quede debilitado, no es así. Que la disociación puede hacer que un sujeto parezca ser muchos otros sujetos simultáneamente conscientes es un *hecho empírico* que sucede en la naturaleza y lo sabemos. Tanto si tenemos una explicación conceptualmente clara, explícita y satisfactoria de este hecho como si no, el hecho está ahí. Y el hecho es lo único que se necesita para corroborar el idealismo analítico. Mi objetivo con estas breves especulaciones es simplemente ofrecerte *una* forma de imaginar cómo podría funcionar la disociación —de modo que ya no te parezca tan inabordable conceptualmente—, no hacer de las especulaciones un elemento integral de la argumentación a favor del idealismo analítico.

Mi pequeño experimento en la mesa de operaciones y su conclusión —el mecanismo de «corte y unión cognitivo»— demuestran lo inherentemente *subjetivos* que son el tiempo y el espacio: una interferencia bastante trivial en mis estados mentales internos eliminó sin problemas todo un segmento de tiempo, sin dejar ningún vestigio perceptible ni cabos sueltos. Y, por supuesto, esta es una implicación del idealismo analítico: dado que el mundo «físico» es la representación interna por parte de un *alter* del mundo *real* ahí fuera, también deben serlo el tiempo y el espacio, porque el tiempo y el espacio son las dimensiones del mundo «físico» —de la pantalla de la percepción— que es inherente al *alter*.

El idealismo analítico no se encuentra solo en este aspecto. Al menos desde finales del XVIII, el desarrollo de la filosofía y la ciencia occidentales —como la afirmación de Kant y Schopenhauer de que el espacio-tiempo es una categoría de percepción, Einstein y su universo bloque, Julian Barbour y su universo sin tiempo, Lee Smolin y su universo sin espacio, la gravedad cuántica de bucles, la psicología cognitiva de la percepción temporal, etc.— han relegado al espacio-tiempo a la categoría de «ilusión obstinadamente persistente», en palabras atribuidas a Einstein, frente al andamiaje fundamental de la realidad.

El problema es que, si el espacio-tiempo solo existe en los *alters* y no en el mundo *real*, externo, entonces el mundo externo no tiene extensión. Y la extensión parece ser un prerrequisito para la diferenciación y la estructura. Al fin y al cabo, parece inevitable concluir que las cosas y los sucesos solo pueden distinguirse entre sí en la medida en que ocupan diferentes volúmenes del espacio o diferentes momentos del tiempo. Sin extensión espaciotemporal, toda la naturaleza parecería desplomarse en una singularidad sin diferenciación interna y, por tanto, sin estructura. Schopenhauer ya había visto esto a principios del siglo XIX, cuando afirmó que el espacio-tiempo es el «*principium individuationis*» de la naturaleza, o «principio de individuación».

No obstante, es empíricamente obvio que la naturaleza tiene una estructura: sus diversas regularidades de comportamiento lo demuestran. En determinadas circunstancias, la naturaleza hace una cosa y, en otras, otra, de forma repetida y fiable. Estos comportamientos distinguibles pero coherentes solo pueden darse con alguna forma de estructura subyacente e inmanente.

Entonces, ¿cómo conciliar el hecho empírico de que la naturaleza tiene estructura con la incipiente idea occidental de que el espacio-tiempo no es fundamental? ¿Cómo podemos pensar que los fundamentos irreductibles de la naturaleza carecen de extensión y a la vez tienen estructura? Creo que este es el dilema menos reconocido y discutido de la ciencia moderna, y que el idealismo analítico resuelve.

Para entender la solución, debemos empezar por admitir que los objetos y sucesos «físicos» *en efecto* requieren intrínsecamente una extensión espaciotemporal para ser diferenciados; Schopenhauer tenía razón sobre el *principium individuationis*. Pero conocemos otro tipo de entidad natural cuya estructura intrínseca no requiere extensión.

Pensemos, por ejemplo, en una hipotética base de datos de expedientes de alumnos. Cada ficha contiene las aptitudes y disposiciones intelectuales de cada estudiante, de modo que el colegio puede elaborar un plan de trabajo educativo eficaz. Los expedientes están vinculados entre sí para facilitar la formación de clases: alumnos con aptitudes y disposiciones similares o compatibles se asocian juntos en la base de datos. A partir de una aptitud determinada, el profesor puede buscar alumnos compatibles en la base de datos.

Ahora bien, fíjate en que estas asociaciones entre registros son fundamentalmente *semánticas*: representan vínculos de *significado*. Los registros asociados *significan* aptitudes similares o compatibles, que a su vez *significan* algo sobre cómo se agrupan los estudiantes de forma natural. Ahí reside la utilidad de la base de datos. Aunque esta última puede tener una materialización espaciotemporal —por ejemplo, documentos clasificados por cajas en un archivo—, su estructura reside fundamentalmente en su *significado*. Las materializaciones espaciotemporales no hacen más que *copiar* o *reflejar* ese significado. Al fin y al cabo, las relaciones semánticas entre mis aptitudes intelectuales y las de los demás no desaparecerían por el mero hecho de que nuestra respectiva documentación se quemara.

Me permito sugerir que así es como debemos pensar en el nivel más fundacional de la naturaleza, el universo detrás de la extensión: como *una base de datos de asociaciones semánticas naturales*, vínculos espontáneos de significado, *asociaciones cognitivas*. Esto es análogo al modo en que una ecuación matemática asocia variables en función de su significado, con independencia de que tales asociaciones tengan o no una materialización espaciotemporal. En efecto, las asociaciones pueden *proyectarse* en el espacio-tiempo —al igual que las bases de datos pueden tener materializaciones «físicas»—, pero, en sí mismas, no necesitan el espacio-tiempo para existir. Así es como la naturaleza puede tener estructura sin extensión.

Pero ¿qué ocurre con la causalidad? Su principio fundamental es que el efecto sigue a la causa en el tiempo, de modo que ¿qué podemos hacer sin extensión? El filósofo Alan Watts propuso una metáfora para ilustrar la respuesta: imagina que miras a través de una rendija vertical en una valla de madera. Al otro lado de la valla pasa un gato. Desde tu perspectiva, primero ves la cabeza del gato y poco después la cola. Esto se repite sistemáticamente cada vez que pasa el gato. Si no supieras lo que ocurre en realidad —es decir, la existencia del patrón completo llamado «gato»—, sería comprensible pensar que *la cabeza provoca la cola*.

Detrás de la extensión, el universo es el patrón completo de asociaciones semánticas o cognitivas, es decir, el gato completo. Nuestro recorrido ordinario del espacio-tiempo es nuestra mirada a través de la rendija de la valla, experimentando segmentos parciales de ese patrón. Todo lo que vemos es que la cola sigue sistemáticamente a la cabeza del gato cada vez que miramos. Y lo llamamos «causalidad».

La noción de que, en su nivel más fundamental, la naturaleza es un patrón completo de asociaciones cognitivas ya ha sido insinuada por físicos con anterioridad. Max Tegmark, por ejemplo, ha propuesto que la materia es un mero «equipaje» y que el universo consiste únicamente en relaciones matemáticas abstractas (véase su libro *Nuestro universo matemático*, 2015).

Sin embargo, debe evitarse la formulación de afirmaciones vagas y abstractas: todas las estructuras matemáticas jamás concebidas han existido en una *mente*, no en el vacío. En la medida en que tienen sentido, la única concepción coherente y explícita de los objetos matemáticos es la de objetos *mentales*. Hablar de estructura matemática —o de significado— sin una mente es como hablar de la sonrisa del gato de Cheshire sin el gato. A menos que seas Lewis Carroll, no saldrás airoso del intento.

El significado —como el de las variables de una ecuación matemática— es un fenómeno intrínsecamente *mental* y *cognitivo*. En ausencia de espacio-tiempo, esto revela el único fundamento metafísico posible para una base de datos semántica universal: *el universo es una red de asociaciones semánticas en un campo de actividad mental espontánea y natural*, pues la mente es el único sustrato metafísico no extendido que conocemos.

De hecho, las disposiciones y aptitudes mentales son claramente reales —en el sentido de ser conocidas a través del conocimiento directo—, pero trascienden la extensión. ¿Cuál es el tamaño de mi aptitud para las matemáticas? ¿Cuál es la masa o la carga eléctrica de mi disposición para filosofar o incluso de mi próximo pensamiento? Sea cual sea la teoría de la mente a la que te suscribas, el hecho preteórico permanece: no puedes medir mi próximo pensamiento. La actividad mental carece de extensión.

Como tal, dentro de los límites de un razonamiento coherente y explícito, un universo estructurado sin extensión irreducible es necesariamente un universo *mental*, no en el sentido de residir en nuestras mentes individuales, sino de consistir en un campo de actividad mental natural y espontánea, cuyas «disposiciones» y «aptitudes» intrínsecas se nos presentan como las «leyes de la naturaleza».

De este modo, al articular de forma coherente cómo la realidad puede ser enteramente mental —es decir, experiencial—, el idealismo analítico proporciona una base metafísica sólida para la comprensión emergente, tanto en ciencia como en filosofía, de que el espacio-tiempo no es fundamental. El idealismo analítico explica cómo el universo puede tener una *estructura* inherente sin extensión, una «ley» sin dimensión. Sin ello, tendríamos que convenir con Lewis Carroll, sin inmutarnos, que la sonrisa del gato de Cheshire puede permanecer tras la desaparición del gato.

En conclusión, la emergente comprensión científica de que el espacio y el tiempo no son el andamiaje inmutable y fundamental de la realidad —que, en cambio, el espacio y el tiempo son maleables, intercambiables, epifenoménicos— explica cómo la disociación crea la ilusión de múltiples identidades individuales, aunque solo haya un sujeto verdadero en la naturaleza. Esto ofrece fundamento explícito a una de las ideas que suponen un mayor desafío en el idealismo analítico. A su vez, el idealismo analítico proporciona una base metafísica coherente para la comprensión científica emergente de que el espacio-tiempo no es fundamental: un universo *mental* explica cómo el universo puede seguir teniendo estructura y «ley» en ausencia de una extensión irreductible.

CAPÍTULO 9

Resumen y perspectivas

S E PODRÍA DECIR MUCHO MÁS sobre el idealismo analítico, la argumentación filosófica que lo sustenta, la evidencia empírica que lo avala, su relación simbiótica con la ciencia moderna y sus inmensas implicaciones para nuestras vidas. Pero este libro pretende ser un resumen compacto —aunque exhaustivo— que pueda leerse en un fin de semana. Su brevedad no es una elección arbitraria o comercial, sino que forma parte integral del efecto deseado: transmitir una comprensión holística del idealismo analítico que te ayude a ver cómo se conjuga todo, evitando que los árboles no te dejen ver el bosque. Solo tú puedes juzgar si he tenido éxito en este empeño. A quienes necesiten un tratamiento más profundo, riguroso o detallado de los temas tratados, les recomiendo mis obras anteriores, ya sean libros, ensayos, artículos académicos o cursos y charlas audiovisuales. Gran parte de ellos están disponibles en Internet de forma gratuita.

Quisiera concluir con un pensamiento con el que solamente las próximas generaciones de científicos y filósofos podrán implicarse plenamente: una vez familiarizados con el idealismo analítico, nos damos cuenta de que *las asociaciones y disociaciones semánticas son los procesos primarios* —no entidades, *procesos*— *de la naturaleza.* Las asociaciones semánticas otorgan a la naturaleza su estructura en ausencia de extensión, una estructura que se manifiesta a nuestra observación como las «leyes de la naturaleza», responsables de la creación de complejidad y diferenciación en un universo que, en el momento del Big Bang, no tenía ninguna de las dos cosas. Estas asociaciones semánticas, inherentes al propio tejido de la realidad, son el «huevo cósmico» que eclosiona y crece en la red cósmica de galaxias.

La disociación, a su vez, explica la vida misma. Al fin y al cabo, la vida es disociación. Sin disociación la naturaleza no podría hacer balance de sí misma en un sentido muy importante. La disociación posibilita un segundo «acto de creación», por el que la naturaleza «sale de sí misma» —de su propio y abrumador juego automático de instintos— y se contempla a través de nuestros ojos. La disociación baña la naturaleza con la luz de la metaconciencia, otorgándole una forma diferente de (meta)existencia.

Con estos dos procesos podemos explicar metafísicamente tanto la alucinante complejidad del universo inanimado como la alucinante riqueza de la vida, con un solo sujeto universal en nuestra base reductora. Asociación y disociación semánticas: la doble raíz de toda complejidad. Algún día los intelectuales e investigadores podrán rastrear todo nuestro conocimiento hasta esta raíz. Una forma de «psicología» universal se considerará entonces la ciencia primaria, antes que la física, o tal vez la física se transforme en una psicología natural objetiva. Las teorías de grafos, conjuntos y categorías se considerarán las principales herramientas de modelado conceptual. Y todo ello conferirá a la humanidad —si no nos destruimos antes— un nivel de comprensión del yo y del otro que hoy resulta inimaginable.

La pregunta, por supuesto, es: *¿cuánto tardará esto?*

Llevo unos 15 años escribiendo y hablando sobre el idealismo. Durante este periodo, he participado en numerosos debates con otros intelectuales y científicos, así como en entrevistas que equivalían a debates. Y ha habido un cambio que me ha llamado mucho la atención: a diferencia de hace varios años, ahora es muy difícil encontrar fisicalistas dispuestos a defender explícitamente el fisicalismo en un debate. Incluso los pocos que aparentemente todavía están abiertos a hacerlo, suelen empezar presentándose a sí mismos como metafísicamente neutrales o libres de prejuicios (incluso cuando se han pasado las cuatro décadas anteriores defendiendo el fisicalismo). A continuación, proceden a preguntarme repetidamente sobre el idealismo analítico —entrevistándome de hecho— en lugar de defender sus propios puntos de vista. Los debates a los que me refiero son de dominio público, de modo que te animo a que los veas teniendo en cuenta lo que acabo de decir, ya que constituye una experiencia reveladora.

Hemos llegado a una coyuntura en la historia de nuestra cultura en la que los fisicalistas, en líneas generales, solo están dispuestos a ser fisicalistas si se enfrentan a objetivos fáciles, como los fundamentalistas religiosos y los seguidores de la nueva era. Pero cuando se trata de un debate científico real, de repente ya no son realmente fisicalistas o ilusionistas, eliminativistas o cualquier otra variante del fisicalismo. Pocas cosas revelan de forma más palpable la fragilidad del fisicalismo dominante hoy en día, a pesar de todo lo que tiene a su favor en términos de dinámica cultural, como se ha expuesto anteriormente.

No soy quién para predecir cambios revolucionarios e inminentes. Pero lenta y progresivamente las cosas *están cambiando* en nuestro paisaje cultural en lo relativo a la metafísica. Hace veinte años todo lo que no era fisicalismo se consideraba automática y sinceramente una creencia dudosa, mera palabrería mística, una quimera, etc. Pero ahora ya no es así. A pesar del desafortunado interludio del panpsiquismo, las ideas tendentes hacia el idealismo están proliferando no solo en filosofía, sino incluso —quizá principalmente— en los fundamentos de la física (pensemos en la física de la perspectiva en primera persona) y la neurociencia (pensemos en la teoría de la información integrada, que encaja sorprendentemente bien con el idealismo analítico).

Por supuesto, esto no quiere decir que el fisicalismo no intente sobrevivir. Simplemente hay demasiados intereses creados que proteger, demasiados personajes públicos que salvaguardar. Las ideas dominantes tardan en desaparecer, incluso cuando son ideas descaradamente absurdas. De modo que voy a ofrecer una predicción de cómo será el esfuerzo de supervivencia del fisicalismo en un futuro a corto plazo: los fisicalistas tratarán de salvar las apariencias *redefiniendo liberalmente el significado de la palabra físico para que, con independencia de lo que parezca ser la realidad, ellos sigan llamándola «física».* En otras palabras, el fisicalismo se volverá infalsable gracias a una mera redefinición léxica. Si crees que esto sería una maniobra demasiado tonta y transparente para intentarlo, observa con atención.

Afortunadamente, sin embargo, la historia nos muestra que, aunque las malas ideas sobreviven mucho más tiempo del que deberían, *al final* no pueden resistir el asalto constante de la simple razón y la evidencia. Ya hay señales claras de su declive: todas las flechas apuntan a que una forma de idealismo objetivo —como el idealismo analítico— será la próxima cosmovisión dominante. ¿Será esta nueva metafísica *la verdad?* Por supuesto que no. Somos simios, y los simios no se dedican a las verdades últimas. Pero estará *menos equivocada.* Y, en definitiva, estar menos equivocados es lo mejor a lo que podemos aspirar.

Esta obra te ha permitido vislumbrar lo que está por venir: una comprensión menos errónea de la naturaleza de la realidad. Lo que para ti puede haber sido un viaje intelectual difícil y contraintuitivo, para tus bisnietos será algo evidente. Ellos, y sus hijos, vivirán la vida de acuerdo con una comprensión muy diferente de lo que son el mundo y el yo, así como de cuál es el significado de todo ello, y tendrán un propósito de vida muy diferente. Estudiarán nuestra época y se preguntarán cómo es posible que toda una cultura —una civilización— se haya dejado engañar durante tanto tiempo por una historia tan disparatada como el fisicalismo. Se concederán becas de investigación para estudiar y comprender la sociopsicología que subyace en un fenómeno tan peculiar. Y a nosotros, gente de principios del siglo XXI, se nos contemplará con el mismo desdén condescendiente con el que miramos con arrogancia a nuestros antepasados anteriores a la Ilustración.

El hecho de que hayas leído este libro te convierte en pionero del próximo giro de la metafísica occidental. Y por esta razón también te confiere la responsabilidad de desempeñar un papel social en este giro. Al fin y al cabo, la «colectividad» abstracta de una cultura no son más que *individuos concretos*, individuos como tú y como yo. Ahora mismo no podemos saber cómo se desarrollará exactamente la transición cultural que se avecina. De lo único que podemos estar seguros es de que, con independencia de cómo suceda, lo hará debido a *nuestras* acciones.

IRREDUCIBLE
El encuentro de la ciencia con la conciencia
FEDERICO FAGGIN

Federico Faggin es una de las mayores eminencias en el campo de la alta tecnología en la actualidad. Físico de formación, es el inventor del microprocesador y de la tecnología MOS de puerta de silicio, descubrimientos fundamentales ambos de la tecnología del mundo moderno.

LA BIOLOGÍA DE LA CREENCIA
La liberación del poder de la conciencia, la materia y los milagros
BRUCE H. LIPTON

La biología de la creencia es un libro revolucionario en el campo de la biología moderna. Su autor, un prestigioso biólogo celular, describe con precisión las rutas moleculares a través de las que nuestras células se ven afectadas por nuestros pensamientos gracias a los efectos bioquímicos de las funciones cerebrales.